Über die Autorin

Magdalena Almado (Pseudonym), Juristin, Lebensberaterin, Energetikerin, Tanz- und Theaterpädagogin sowie Ausdruckstänzerin legte den Grundstein ihrer Schriftstellerkarriere im Jahr 2008. Auslöser dafür war ein beinahe tödlicher Unfall im Atlantischen Ozean, den sie, wie schon vieles zuvor in ihrem Leben – vor allem ihre Kindheit –, überlebt hatte. Sie begann lyrische Prosatexte zu schreiben und präsentierte ihren ersten Text *„Eine Heilung – Meine Heilung"* tänzerisch als Weihnachtsperformance im Reha-Zentrum zwischen ihrer zweiten und dritten Knieoperation, um damit den Menschen Mut zu machen.

Magdalenas größte Vision ist es, Menschen auf vielfache Weise zu berühren – durch ihre Worte, ihren Tanz, über ihre Hände, ihre Coachings und Workshops. Ihre Sehnsucht ist gemeinsam mit ihrem *zukünftigen Mann* eine ‚*geheiligte Partnerschaft*' an einem schönen Platz am Meer - oder wo auch immer - zu leben, um mit ihm in einem von ihnen beiden errichteten ‚*Zentrum für LEBENsLUST und LIEBE*' Menschen zu einem friedvollen Dasein auf Erden und zu einem in LUST und LIEBE gelebten LEBEN zu begleiten.

2014 veröffentlichte sie über den Assam Media Verlag ihre erotische Trilogie:

LUST~volle~LUST,
LUST~volle~LIEBE
LUST~volles~LEBEN

Mit dieser Trilogie möchte sie von purem Sex zu tiefer Verschmelzung, von reiner Lust zu umfassender Ekstase, von gegenseitiger Benutzung zu wahrhafter, vollkommener Präsenz im Miteinander, von Sexualität über Leidenschaft zur Befreiung in achtsam gelebten Beziehungen führen.

Ihr „Lebenswerk" *ÜBERLEBT… um zu leben* (Teil 1) und *Überlebt … um zu LEBEN* (Teil 2) ist die Lebensgeschichte einer mutigen Frau, die nach einer sehr traumatischen Kindheit und einem turbulenten Leben nach hoher Entwicklung strebt. Dieser Roman wurde im Oktober 2015 im Karina-Verlag veröffentlicht.

Weitere ihrer Werke erschienen in der Anthologie „Frischer Wind in flauen Gassen" sowie jeweils ein Kapitel im ersten und dritten Teil der vom Karina-Verlag herausgegebenen Trilogie des „ Flügel-Thrillers".

Außerdem wird im demnächst publizierten Band „Magisches und Mystisches" aus der Serie „Jedes Wort ein Atemzug" eine Kurzgeschichte von Magdalena Almado zu finden sein.
www.magdalena-almado.com

Über ihren bürgerlichen Namen *Mag. Alexandra Krenn* begleitet sie Menschen auf deren Lebensweg – einerseits durch Coachings und Energiearbeit und andererseits durch Übergangs-Rituale (in besonderen Lebensabschnitten), Yoga-Coaching, Workshops für gelebte Weiblichkeit (z.B. *Verletzte Weiblichkeit* und *Erfüllte Weiblichkeit*) sowie durch Tanzworkshops.
www.alexandra-krenn.at

TRANCEREISEN

zu mir selbst ... und darüber hinaus

von
Magdalena Almado

1. Auflage, November 2015
Erschienen im Assam Media Verlag

Copyright © Assam Media Verlag
Covergestaltung © Assam Media Verlag
Coverbild © Cleo Ruisz

Fotos © Danila Amodeo Photography
Lektorat: Mag. Tanja Dechet

Alle Rechte vorbehalten, insbesondere das Recht der mechanischen, elektronischen oder fotografischen Vervielfältigung, der Einspeicherung und Verarbeitung in elektronischen Systemen, des Nachdrucks in Zeitschriften, des öffentlichen Vortrags, der Verfilmung oder Dramatisierung, der Übertragung durch Rundfunk, Fernsehen oder Video, auch einzelner Text- und Bildteile, sowie die Übersetzung in andere Sprachen.

Email: office@assam-media-verlag.at

Facebook: https://www.facebook.com/magdalenaalmado

Webseite: http://www.magdalena-almado.com

ISBN 978-3-9503820-6-8

In Dankbarkeit

für ein Leben,

in dem es mir möglich ist,

die Herzen vieler Menschen zu berühren

und ebenso berührt zu werden.

INHALTSVERZEICHNIS

Vorwort 1

Abschnitt I 5

Zur Entspannung, Bewusstwerdung, Anregung der Kreativität und Sinnlichkeit

Teil 1 – DIE WELT DES OZEANS 7

Gestrandet 7

1) Im Kristallpalast in den Tiefen des Ozeans 11
2) Meine Insel 21
3) Im Meer meiner Seele 28

Teil 2 – NATUR UND MÄRCHENWELT 31

Faun und Elfe 31

4) Im Reich der Naturwesen 36
5) Wie im Märchen 46
6) Mein Baum der Stärkung 52
7) Am Zauberberg 56

Teil 3 – MEINE WAHRE HEIMAT 60

Metaphora, die Regenbogen-Frau 60

8) Eine Reise über den Regenbogen 64
9) Zu meinem Heimatplaneten 76
10) Das Haus meines Herzens 83

Teil 4 – DUALITÄT UND EINHEIT 90

Im Moment der Einheit 90

11) Eine Reise in meine weibliche Sinnlichkeit 96
12) Eine Reise in meine männliche Kraft 106
13) Anima und Animus 116
14) Vom ICH zum DU zum WIR 126

Abschnitt II 134

Zur Aktivierung der Selbstheilungskräfte - zur Unterstützung körperlicher und seelischer Gesundheit

Teil 1 – ENTSPANNUNG DES KÖRPERS 135

Alma Luz – Botschafterin der Liebe 135

1) Mein innerer Arzt 139
2) Eine Reise zum Platz meines Schmerzes 148
3) Progressive Muskelentspannung nach „Jacobson" 157

Teil 2 – ENTSPANNUNG DES GEISTES 166

Eine magische Begegnung 166

4) Eine Reise zu meinen Ängsten 172
5) In meine verworrene Gedankenwelt 183
6) Clearing der Meridiane und Chakren 193

Ausklang 201

Sat – Chit – Ananda 202

Vorwort

Mit diesen Trancereisen möchte ich im ersten Abschnitt den Lesern und Leserinnen und den Menschen, die in diese Welten begleitet werden, die Möglichkeit geben, sich tiefer mit unserer Natur und damit auseinanderzusetzen, was unser aller Beitrag sein kann, unsere Umgebung in Zukunft achtsamer und wertschätzender zu behandeln. Wir Menschen sind unglaublich in die Irre geleitet worden. Wie viele von uns sind noch wirklich bereit, den wesentlichen Werten auf unserem Planeten zu dienen? Einzelnen Menschen, Systemen und Staaten geht es immer mehr darum, zum eigenen Vorteil den anderen und ganz besonders unserer Umwelt Schaden zuzufügen. Es ist nun höchste Zeit, einen Schritt zurückzutreten und auf all das zu sehen, was vor allem in den letzten 100 Jahren an Zerstörung passiert ist. Noch ist es nicht zu spät, unser Leben und vor allem das Leben unserer Nachkommen in neue Bahnen zu lenken. Es kann nur gelingen, wenn jeder einzelne Mensch auf unserem Planeten beginnt, im kleinen Rahmen seinen Beitrag zu leisten, um damit das unmittelbare Umfeld zu berühren und möglicherweise zu inspirieren.

So möchte ich Sie auf eine *LEBENsREISE* zu sich selbst...und darüber hinaus begleiten, um Sie zu inspirieren, neue Wege zu erforschen.

Ich bleibe meiner Vision treu darauf zu vertrauen, dass es uns möglich sein kann, hier auf Erden noch einen Platz des Paradieses zu erschaffen, doch bedarf es dazu der

Wandlung jedes und jeder einzelnen in höhere Bewusstheit. Wie sehr ich mir wünsche, andere Menschen mit allem, was ich noch in meinem Leben bewege, auf acht- und wundersame Weise zu berühren und auf diesem Weg uns alle gemeinsam zu mehr eigener Achtsamkeit und Liebe zu begleiten. Mein Repertoire ist vielfältig – umso mehr wünsche ich mir noch viele Menschen zu erreichen.

Mögen diese Trancereisen all jene, die sie lesen oder erleben, zum Nachdenken anregen, ihnen ermöglichen ins Fühlen zu kommen, das Bewusstsein auf neue Möglichkeiten auszuweiten, die eigene Sinnlichkeit und Verbindung zu einem geliebten Gegenüber zu erfahren sowie die Kreativität zu inspirieren und zu beflügeln.

Im zweiten Abschnitt zeige ich Möglichkeiten auf, wie wir unsere Selbstheilungskräfte mobilisieren und aktivieren können. Letztendlich liegt genau in dieser Kraft jedes einzelnen Menschen die Fähigkeit, selbst heiler und gesünder im Geist und im Körper durchs Leben zu schreiten.

Wir haben vielfach keine Ahnung, welch schöpferische Kräfte tatsächlich in uns selbst liegen. Diese wünsche ich mir, in dem Menschen, der sich mit diesem Buch auseinandersetzt, anzuregen und jedem dadurch einen Anstoß zu geben, sein eigenes Leben und das Miteinander mit anderen Menschen mehr und mehr in *LEBENsLUST und LIEBE* zu gestalten und damit ein friedvolles Umfeld zu erschaffen. Der Frieden beginnt für jeden von uns in uns selbst – dann können wir ihn in die Welt tragen und auch auf dieser Erde möglicherweise noch einen Zustand erleben, der wirklich paradiesähnlich sein kann.

Jeder Teil beginnt mit einer kurzen mystischen Geschichte, die Ihre Herzen berühren möge und ein wenig als Gedankenanstoß dienen soll.

Die Einleitung und die Reisen selbst sind im persönlichen DU geschrieben bzw. gesprochen, damit dadurch eine tiefere Vertrautheit und die Möglichkeit, sich hinzugeben, zustande kommt.

Vielleicht gelingt es mir auch, auf diese Weise Menschen zu berühren, sodass sie wahrhaft neue Wege einschlagen und sich ihres Auftrages bewusst werden, durch den sie dieser Welt etwas geben wollen. Was wollen wir denn noch aus unserem weiteren Leben machen, um einen sinnvollen und wesentlichen Beitrag hier auf Erden in unserer so beschränkten Lebenszeit zu leisten? Möge das ein jeder für sich entscheiden…

Dieses Buch habe ich unter meinem Künstlernamen *Magdalena Almado* geschrieben, was für mich soviel bedeutet wie *Magdalena (Maria Magdalena) ist meine spirituelle Begleiterin)*, die als Seele (*Alma* in Spanisch) ein Geschenk Gottes ist (abgeleitet von meinem richtigen Zweitnamen *Dorothea*). Unter meinem bürgerlichen Namen *Mag. Alexandra Krenn* können Sie über meine Website www.alexandra-krenn.at mehr von mir und meinem Angebot, insbesondere auch für Frauen, erfahren. Ich freue mich sehr, wenn ich Menschen auf unterschiedliche Weise berühren und ein Stück des Weges achtsam begleiten darf.

Diese Trancereisen sind aus einem Projekt entstanden, das ich mit meinen Künstlerfreunden Cleo Ruisz (www.cleo.at) und Jack Fronczek begonnen habe und aus dem nun in Folge MP3 Downloads über Balloon Records sowie zumindest eine CD auf den Markt kommen werden.

Diese CD wird ab 2016 über meine Website www.magdalena-almado.com sowie über den www.assam-media-verlag.at zu bestellen sein.

Abschnitt I

Zur Entspannung, Bewusstwerdung, Anregung der Kreativität und Sinnlichkeit

Die Trancereisen des ersten Abschnitts dienen dazu, dir zu helfen, deine Kreativität zu aktivieren und zu verstärken sowie deine Intuition zu erhöhen und das Vertrauen zu entwickeln, immer mehr das zu manifestieren, was deinem Herzen entspricht. Sie sollen dir helfen, deinen Körper, deinen Geist und deine Seele harmonisch in Einklang zu bringen und dienen in erster Linie zur Entspannung und Bewusstwerdung, zur Erhöhung der Achtsamkeit und zur persönlichen Freude. Im vierten Teil ist die Möglichkeit gegeben, sich in seinem Wert als Frau oder als Mann zu erleben und in seiner eigenen Sinnlichkeit sowie Kraft wahrzunehmen, um dadurch sowohl alleine als auch als Paar friedvoller gemeinsam weiterzugehen.

Keine dieser Reisen ist dafür geeignet, einen Arzt oder fachlich kompetenten Therapeuten zu ersetzen. Bei ernsthaften körperlichen oder psychischen Beschwerden ist daher unbedingt ein Arzt oder Therapeut zur Stellung einer Diagnose und Behandlung aufzusuchen.

Diese Reisen sind lediglich dazu geeignet, das körperliche und geistige System zu unterstützen und zu harmonisieren. Sie sind nicht für Behandlungs- oder Therapiezwecke heranzuziehen.

Die Reisen dauern zwischen 5 und 30 Minuten, je nach Geschwindigkeit des Lesens und Einhaltung der Pausen. Du kannst sie in der Stille lesen oder mit entsprechender Hintergrundmusik, die dir angenehm erscheint. Auch Klangschalen eignen sich zur Begleitung. Musikempfehlungen gebe ich jeweils zu Beginn jeder Reise.

Als Einstieg zu jedem Teil möchte ich eine kurze Geschichte erzählen, die ein wenig zum Nachdenken anregen darf ...

TEIL 1

DIE WELT DES OZEANS

Gestrandet

Marie und Michel sind bereits seit über einem Jahr auf hoher See unterwegs. Sie haben sich ihren großen Lebenstraum verwirklicht, drei Jahre auszusteigen und mit ihrem neu restaurierten Segelboot *Aurora* eine Weltreise über die großen Ozeane zu machen, bevor sie zurück in ihre Arbeitswelt kehren und eine Familie gründen wollen. Ihre Reise hat in Südfrankreich begonnen. Sie haben bereits den Atlantik über die Kanarischen Inseln und Azoren von Europa bis Mittel- und Südamerika überquert und befinden sich nun im Pazifischen Ozean, um Richtung Australien zu segeln. Vieles haben sie in diesem letzten Jahr gemeinsam überstanden, heftige Stürme, Todesängste, Schäden am Boot – aber vor allem hat sie diese Reise noch inniger zusammengeführt, als sie es jemals erahnen konnten. Sie sind heute genau 444 Tage rund um die Uhr auf engstem Raum beisammen. Sie durchlebten in dieser Zeit alle Höhen und Tiefen in ihrer Partnerschaft, ohne einander jemals entkommen zu können, viele Ängste und Zweifel, die sie doch immer wieder quälten und konnten letztlich immer tiefer in ein unbeschreibliches Vertrauen eintauchen, dass sie gemeinsam nun alles miteinander durchstehen können. Sie haben sich gegenseitig all ihre Schattenseiten gespiegelt und sind dadurch, in der Bereitschaft zu wachsen, in eine große Klarheit gekommen, offen zu sein für all das, was dieses gemeinsame Leben für sie noch bereithalten mag.

Wir befinden uns mitten im Ozean, sehen nichts als Wasser um uns und tiefe Schwärze am Himmel. Ein Wind unbestimmten Grades treibt unser Boot oftmals in eine vollkommen andere Richtung, als mir lieb ist. Ich sitze am Bordcomputer und sehe seit Stunden nichts als ein Flimmern, während Marie wie erstarrt an der Reling steht, immer wieder in die Ferne blickt. Sie erweckt den Eindruck, als wäre sie nicht mehr wirklich anwesend. Wir beide haben seit heute Morgen ein ganz unbestimmtes Gefühl, als würde sich um uns eine gewaltige unkontrollierbare Macht erheben. Marie hat vor zwei Stunden angefangen, in fremden Stimmen zu sprechen, die uns mitteilen wollten, dass wir demnächst beginnen werden, unser wirklich für uns vorgesehenes Leben zu führen. Was sollte das alles bedeuten? Es gibt keinen Kontakt mehr zur Außenwelt, so sehr ich mich auch bemühe, die Elektronik wieder in Gang zu bringen.

Die Fahrt um die Spitze von Südamerika hatte uns alle Kräfte abverlangt, aber auch mehr und mehr in Innigkeit und gegenseitigem Vertrauen zusammengeschweißt. Die unbeschreiblich harte Konfrontation mit allen Elementen hat uns zugleich die wertvollste Begegnung mit dem ursprünglichen Leben ermöglicht. Nach dieser Herausforderung, die wir meisterhaft bewältigt hatten, beschlossen wir, uns in warme tropische Gefilde zu begeben und verließen Westpatagonien, um über den Pazifik Richtung Galapagos-Inseln und weiter nach Australien zu segeln. Was jetzt? Ein Sturm braut sich zusammen. Marie erscheint mit angsterfülltem Gesicht vor mir und meint, dass nun unser Ende kommen würde.

Erschrocken blicke ich in ihre Augen, die durch mich hindurch zu blicken scheinen ... doch von einem Moment zum nächsten wandelt sich ihr Wesen zu vollkommener Ruhe und Gelassenheit – im selben Augenblick höre ich ein unbeschreibliches Krachen. Ich starte durch, um an Deck zu laufen und zu sehen, was geschehen ist. In dem Moment hält mich Marie zurück und meint in unglaublicher Gelassenheit mit ruhiger Stimme: „Vertraue, es wird geschehen ..." Sie nimmt mich an der Hand, zieht mich auf unsere Liegestatt und mir scheint, als würden wir gemeinsam untergehen ... das Letzte, woran ich mich erinnere, ist ein Donnern der Naturgewalten um uns und danach ...

Ich habe keine Ahnung, was geschehen ist und wie lange wir hier gelegen sind. Als ich erwachte, spürte ich Michel eng um meinen Körper geschlungen und sah in sein friedvoll schlafendes Gesicht – er wirkte vollkommen entspannt. Ich wagte es, vorsichtig um mich zu blicken und sah pures Chaos um uns – alles bis auf unser Bett schien zerstört zu sein. Dennoch erlebte ich eine unbeschreiblich tiefe Stille in mir. Nichts, was ich sah, konnte mich erschüttern. Ruhig blieb ich in unserer innigen Umarmung liegen und dankte, diesen Moment erleben zu dürfen.

Achtsam wecke ich nun meinen Geliebten, der mich mit strahlenden Augen anlächelt. Beide wissen wir nicht, was uns erwartet, wenn wir nun an Deck gehen. Es ist uns jegliches Zeitgefühl abhanden gekommen. Die Sonne lässt ein paar Strahlen direkt durch unser Bullauge auf uns beide blitzen, die wir immer noch eng umschlungen da liegen, vollkommen ruhig, ohne Worte. Gleichzeitig erheben wir uns, um gemeinsam in langsamen Schritten auf dem friedlich dahinschaukelnden Boot nach oben zu gehen.

Was sich uns bietet, ist ein Anblick, der unsere Vorstellungskraft bei weitem überbietet. Das Boot ist nicht mehr mit unserer eigenen Kraft in Bewegung zu bringen – die Masten gebrochen, die Segel liegen zerrissen an Bord und wie von magischer Hand gelenkt, werden wir auf eine sich vor uns erhebende Insel mitten in diesem Ozean getragen. Wir blicken einander an und sind immer noch sprachlos. Befinden wir uns in einem Traum? Sind wir gestorben und in der Anderswelt gelandet? Wir wissen nicht, wohin wir in diesem Moment getragen werden sollen. Nichts mehr ist hier mit unserem Verstand erfassbar und doch spüren wir tiefstes Vertrauen, als wir merken, wie unser Boot auf einen Widerstand stößt – ganz nahe bei dieser paradiesisch erscheinenden Insel. Wir suchen unseren Anker, der noch als einziges Gut auf unserem Boot unversehrt zu sein scheint, werfen ihn aus, springen in das tiefblaue klare Wasser und schwimmen gemeinsam an Land.

Hand in Hand betreten wir das Festland und wissen nicht, wie lange wir hier verweilen werden und noch weniger, was das Leben nun mit uns beiden vorhat …

LANGE REISE

Musik wenn vorhanden mit Meeresrauschen oder Wal- und Delfinklängen

1) Im Kristallpalast in den Tiefen des Ozeans

Ich begebe mich mit dir nun auf eine Reise in das Unterwasserreich des unergründlichen Ozeans, indem ich dich zu einem Platz begleite, der dir Heilung und tiefe Entspannung bringen wird, zu einem Platz, an dem du so manches Wunder erfahren darfst und von dem du bereichert und krafterfüllt, möglicherweise mit neuen Impulsen für dein Leben, zurückkehren wirst.

Lege dich entspannt hin und decke dich eventuell mit einer warmen Decke zu, um zu verhindern, dass dein Körper abkühlt und sich damit wieder dein Verstand in den Vordergrund drängt.

Schließe deine Augen und atme tief ein und aus, ganz tief ein und aus, atme fünf bis sechs Atemzüge in deinem Tempo tief ein und aus.

Pause ca. 45 sec.

Während du so tief ein- und ausatmest, entspannt sich dein Körper mehr und mehr. Stell dir vor, wie mit jedem Ausatmen Spannung und Belastung aus deinem Körper strömen und mit jedem Einatmen Ruhe und Gelassenheit dein gesamtes Wesen erfüllen.

Während du nun tief weiter atmest, hörst du bloß den Klang meiner Stimme und der sanften Musik im Hintergrund. Alle Geräusche, die du sonst noch wahrnimmst, sind vollkommen bedeutungslos – jedes Geräusch, das du von außen vernimmst, lässt dich noch ein Stück tiefer in deine Ruhe und vollkommene Entspannung sinken.

Deine Gedanken lässt du vorbeiziehen, so wie die Wolken am Himmel an dir vorbeiziehen, wenn du auf einer schönen Wiese liegst und in den Himmel blickst.

Deine Arme werden nun ganz schwer, immer schwerer und schwerer – mit jedem Atemzug sinkst du noch tiefer in eine vollkommene Schwere und Stille.

Auch deine Beine werden immer schwerer und sinken tiefer und schwerer auf deine Unterlage.

Deine Gesichtsmuskulatur wird vollkommen entspannt, deine Augäpfel fallen nach hinten unten – ganz schwer werden sie – und du lässt deine Augen geschlossen. Ganz schwer erscheinen auch deine Augenlider. Dein Kiefer entspannt sich vollkommen – du kannst deine Kiefermuskulatur noch bewegen und lässt sie dann tief entspannen, sodass dein Unterkiefer sich vom Oberkiefer löst, während du regelmäßig weiter atmest.

Tief atmest du ein und aus und spürst, wie sich dein Körper immer schwerer auf deine Unterlage sinken lässt – immer schwerer wird.

Nun nimmst du wahr, wie dein Bewusstsein in deine Mitte sinkt, wo auch immer sich deine Mitte befindet – spüre, wie es dorthin sinkt, so wie du ein Steinchen versinken siehst, wenn du es ins Wasser geworfen hast und die Kreise auf der Wasseroberfläche immer weiter werden, während das Steinchen immer tiefer und tiefer zum Grund des Gewässers absinkt, bis es dort vollkommen zur Ruhe kommt.

Pause ca. 10 sec.

Schon spürst du diese Ruhe, Gelassenheit und Entspannung dein gesamtes Sein erfassen und genießt es, die Schwere deines Körpers wahrzunehmen.

Ich werde nun ganz langsam von 5 bis 1 zählen und wenn ich bei 1 angelangt bin, befindest du dich

In der Mitte des Ozeans

5 – mit jedem Atemzug entspannst du dich noch ein Stück tiefer in diesen angenehmen Zustand der Ruhe und Gelassenheit

4 – immer mehr entfernt sich dein Geist von deinem Körper, während du tiefe Ruhe erlebst

3 – du atmest ein und aus und genießt die Stille in dir und um dich

2 – dein Körper bleibt ganz geschützt auf deiner Unterlage zurück, während dein Geist nun frei ist, überall hin zu schweben

1 – nun befindest du dich

Inmitten des Ozeans, getragen vom Wasser, umgeben von den Walen und Delfinen, die dich schon erwarten, um dich weiter zu führen in die Tiefen des Ozeans.

Noch genießt du es, über dir von der Sonne beschienen zu werden und nichts tun zu müssen, geborgen und getragen vom Wasser.

Pause ca. 10 – 15 sec.

Deine Freunde – die Delfine und Wale – kommen langsam immer näher, um sich mit dir vertraut zu machen. Wie sehr du ihr verspieltes Wesen genießt und dich von ihnen auf der Wasseroberfläche weitertreiben lässt! Du hast nun die Wahl, welchem von ihnen du dich anvertraust – er wird dich auf seinen Rücken lassen, auf dem du dich an seiner Flosse festhalten kannst, um in die Tiefen des Ozeans getragen zu werden. Hab keine Angst, du kannst auch dort unten gut atmen.

Rolle dich sanft auf den Rücken von einem dieser Tiere und vertraue, dass dir nichts geschehen kann.

Schon merkst du, wie du nach unten geführt wirst, dein Körper und auch dein Kopf im Wasser untertauchen – und du dennoch wunderbar atmen kannst, während du dich neugierig umschaust. Es eröffnet sich dir eine Pracht an Farben.

Du siehst Fischschwärme in allen Farben und Größen, exotische Pflanzen und Korallen und die Spiegelung aller Farbnuancen dieses köstlichen Wassers in seinen Tiefen, durch das immer noch die Strahlen der Sonne dringen.

Schau um dich und genieße diese Herrlichkeiten, während du weiter nach unten getragen wirst und dich noch viele andere Wesen begleiten.

Pause ca. 10 – 15 sec.

Nun dringst du in Tiefen vor, die du niemals erahnen konntest – blicke um dich und nimm wahr, was du siehst.

Bald wirst du euer Ziel erreichen.

Plötzlich tauchen auch andere Wesen dieser Unterwasserwelt auf – nicht nur die verschiedensten Fischarten sind hier zu sehen, du erkennst tatsächlich Meerjungfrauen und dir ganz unbekannte Erscheinungen in diesem Reich der tiefsten Tiefen.

Du siehst sie und beginnst zu staunen, wer hier sonst noch in dieser dir unbekannten Welt zu Hause ist.

Vorsichtig lässt dich dein Begleiter von seinem Rücken rollen und du bemerkst, wie schwerelos du in diesem unendlich tiefen Ozean dahin schwebst und es genießt, vom Wasser getragen und umhüllt zu sein.

Schon entdeckst du ihn!

Diesen mächtigen großen Kristallpalast, funkelnd und überdimensional groß steht er vor dir – ein vollkommen durchsichtiges und doch unglaublich erhabenes Reich erscheint vor deinen Augen.

Sieh dich um.

Was nimmst du wahr?

Wer ist außer dir noch dort?

Schau dich ganz genau um und nimm alles wahr, was du siehst.

Atme auch die Gerüche deiner Umgebung ein...

Lausche den Klängen, die du an diesem Ort hörst...

Pause ca. 15 sec.

Plötzlich nimmt dich eine Meerjungfrau in Empfang und begrüßt dich, als ob du immer schon zu ihnen gehörtest. Sie nimmt dich an der Hand und schwebt mit dir durch die Räume des Palastes.

Blicke um dich und erlebe und genieße all die Pracht, die du hier siehst.

Siehst du sie auch, all die Kristalle in den verschiedensten Größen und Farben? Ein Funkeln und Glitzern geht von ihnen aus. Noch andere Meereswesen begleiten euch und begrüßen dich. Sie alle heißen dich willkommen in ihrer Welt. Blicke um dich und schau, ob irgendjemand dabei ist, der dir vertraut erscheint.

Frage deine Meerjungfrau, wie sie heißt und merke dir den Namen deiner Begleiterin.

Wenn du möchtest, frage auch, welchen Namen du hier bei ihnen hast.

Pause ca. 10 sec.

Alles erscheint dir, als wärest du in einer Zauberwelt gelandet.

Deine Begleiterin meint nun, dass sie dich in einen Altar-Raum führen wird, in dem du auf einem Kristallaltar Heilung und Reinigung deines menschlichen Körpers erfahren darfst, wenn du das möchtest. Oder dich einfach nur ausruhen kannst, um dich zu erholen und zu genießen.

Schon schwebt ihr durch ein kristallenes Tor, von dem du in diesen mächtigen Raum blickst. Sieh dich um und nimm wahr, was du außer dem großen Altar in der Mitte des Raumes noch sehen kannst.

Pause ca. 5 sec.

Nun wirst du direkt zum Altar geführt und gebeten, dich daraufzulegen, was du gerne tust.

Während du so ganz ruhig in diesem Raum auf diesem Altar gebettet liegst, überlege dir, was du dir nun am meisten wünschst. Möglicherweise hast du Fragen, die dich schon lange beschäftigen oder du wünschst dir einfach Unterstützung eines körperlichen Heilprozesses oder sehnst dich nach mehr Ruhe und Ausgeglichenheit. Dir stehen nun alle Wünsche offen. Überlege genau und bitte um Unterstützung – sie wird dir nun gegeben sein. Ebenso die Antwort auf deine Fragen – vertraue, dass du die richtige Antwort hören wirst.

Ich lasse dich jetzt für kurze Zeit alleine mit deinen Freunden dieser Unterwasserwelt und bitte dich, zu vertrauen, dass nun das Richtige für dich geschieht.

Wenn du dich nach Heilung sehnst, bitte diese Wesen, deinem Körper Unterstützung im Heilungsprozess zu geben.

Wenn du emotionale Blockaden hast, so bitte um Auflösung und Offenheit für Versöhnung oder Vergebung.

Gib dich so ganz dem hin, was dich hier unten erwartet ...

Diese weisen Wesen haben das gesamte Heilwissen des Planeten abgespeichert und werden dir nun auf ihre Weise Hilfe und Unterstützung geben. Du liegst auf dem Altar und spürst Berührungen, lauschst den Worten, die wie aus weiter Ferne kommen und fällst nun in eine ganz tiefe Trance.

Gib dich vollkommen dem Prozess hin ...

Pause ca. 1 min. oder etwas mehr

Sanft berührt dich deine Begleiterin auf deiner Wange, damit du nun langsam wieder bereit bist, dich auf die Rückreise aus diesen Tiefen zu begeben.

Atme all das hier Erfahrene und Erlebte tief in dich ein und folge nun deiner Begleiterin, die dich wieder zu deinem Freund führt, der mit dir zurück an die Oberfläche des Ozeans kehren wird.

Du bedankst dich bei all denen hier unten mit der Gewissheit, ein wertvolles Geschenk erhalten zu haben. Auch deine Meerjungfrau übergibt dir noch ein Geschenk aus den Tiefen. Schau genau, was es ist und frage, wofür du es bekommen hast, wobei oder worin es dir Unterstützung sein kann, wenn du wieder in deine Welt zurückgekehrt bist.

Pause ca. 10 sec.

Schon beginnst du dich nach oben strömen zu lassen, immer mehr zurück an die Oberfläche deines Ozeans. Du bist umgeben von vielen Walen und Delfinen, aber nun fähig, alleine nach oben zu gelangen. Du genießt es, vom Wasser getragen zu werden, dich um so vieles leichter als zuvor zu fühlen und bewegst deinen Körper leicht und verspielt wie deine Begleiter.

Auf deinem Weg zurück nimmst du nochmals die Pracht dieser Welt in der Tiefe wahr.

Unvermutet taucht dein Kopf über der Wasseroberfläche auf und dein Blick gewöhnt sich langsam an das gleisende Sonnenlicht. Noch lässt du dich auf der Wasseroberfläche treiben und bittest deine weisen Freunde, dir eine letzte Botschaft mitzugeben.

Höre genau hin, was sie dir sagen.

Pause ca. 10 sec.

Nun verabschiede dich auch von ihnen und mach dich bereit, wieder zurückzukehren in deine Alltagsrealität.

Ich werde von 1 bis 5 zählen und bei 5 wirst du wieder vollkommen klar und gestärkt zurück sein, bereichert um all das, was du soeben erleben durftest.

Musik weg oder Wechsel in etwas kraftvollere Klänge

Stimme wird lauter und direkter:

1 – deine Arme und Beine werden wieder frei und locker

2 – ein Lächeln erscheint auf deinem Gesicht

3 – du nimmst ein paar kraftvolle Atemzüge und spürst deinen Körper ganz bewusst

4 – strecke und rekle dich, dehne dich und gähne

5 – du kehrst nun gestärkt und kraftvoll hierher zurück – öffne deine Augen, blicke um dich und nimm noch ein paar tiefe Atemzüge, bevor du ganz im Hier und Jetzt auftauchst.

Herzlich willkommen zurück in deiner Welt!

KURZE REISE

Musik wenn vorhanden mit Meeresrauschen oder Rauschen von Blättern im Wind

2) Meine Insel

Du hast nun die Möglichkeit, eine Erholungsreise zu machen, die dich auf eine Insel deiner Träume führt, auf eine Insel, die du dir selbst erschaffen kannst und auf der DU entscheidest, wer sonst noch mit dir dort sein darf. Es ist dir hier gegeben, voll und ganz deine Wünsche zu realisieren und nur jene Menschen einzuladen, die dir wirklich am Herzen liegen und mit denen du im Hier und Jetzt sein möchtest. Vielleicht willst du deine Insel aber auch nur ganz für dich alleine genießen.

Lege dich entspannt hin und decke dich eventuell mit einer warmen Decke zu, um zu verhindern, dass dein Körper abkühlt und sich damit wieder dein Verstand in den Vordergrund drängt.

Deine Augen werden schwer. Deine Augen sind ganz schwer, so schwer, dass sie gleich zufallen. Nun schließe deine Augen und atme tief ein und aus. Deine Augen sind jetzt fest geschlossen und bleiben es während der gesamten Zeit deiner Reise. Deine Augen können sich vollkommen entspannen.

Atme weiter tief ein und aus, ganz tief ein und aus, atme fünf bis sechs Atemzüge in deinem Tempo tief ein und aus.

Pause ca. 45 sec.

Mit jedem weiteren Atemzug entspannt sich dein Körper mehr und mehr. Stell dir vor, wie mit jedem Ausatmen Spannung und Belastung aus deinem Körper strömen und mit jedem Einatmen Ruhe und Gelassenheit dein gesamtes Wesen erfüllen.

Während du immer noch tief weiter atmest, hörst du bloß den Klang meiner Stimme und der sanften Musik im Hintergrund. Alle Geräusche, die du sonst noch wahrnimmst, sind vollkommen bedeutungslos – jedes Geräusch, das du von außen vernimmst, lässt dich noch ein Stück tiefer in deine Ruhe und vollkommene Entspannung sinken.

Dir wird bewusst, dass hinter all den Geräuschen tiefe Stille herrscht, jene Stille, die du immer und jederzeit im größten Trubel erleben kannst, jene Stille, die allem innewohnt. Verbinde dich ganz intensiv mit dieser Stille in dir und werde selbst ganz still.

Nichts anderes ist nun erlebbar als tiefe innere und äußere Stille.

Du fühlst dich unendlich wohl und vollkommen geborgen.

Ruhig und gleichmäßig geht jetzt deine Atmung. Mit jedem Atemzug lässt du dich immer tiefer und tiefer sinken.

Deine Gedanken lässt du vorbeiziehen, so wie die Wolken am Himmel an dir vorbeiziehen, wenn du auf einer schönen Wiese liegst und in den Himmel blickst.

Ich werde nun ganz langsam von 5 bis 1 zählen und wenn ich bei 1 angelangt bin, befindest du dich

An einer Bucht von DEINER INSEL

5 – mit jedem Atemzug entspannst du dich noch ein Stück tiefer in diesen angenehmen Zustand der Ruhe und Gelassenheit

4 – immer mehr entfernt sich dein Geist von deinem Körper, während du tiefe Ruhe erlebst

3 – du atmest ein und aus und genießt die Stille in dir und um dich

2 – dein Körper bleibt vollkommen geschützt auf deiner Unterlage zurück, während dein Geist nun frei ist, überall hin zu schweben

1 – nun befindest du dich

An dieser wundervollen Bucht DEINER INSEL.

Blicke um dich und nimm wahr, wie sich dir deine Insel zeigt!

Ist sie eine große oder kleine Insel?

Welche Pflanzen wachsen hier?

Kannst du Gebäude wahrnehmen oder bist du auf einer ganz einsamen Insel gelandet?

Blicke genau um dich und nimm alles auf, was du siehst.

Rieche die Umgebung deiner Insel.

Wonach riecht es hier?

Kannst du die salzige Luft riechen oder den Geruch von Blüten und anderen Pflanzen, von Früchten oder Tieren?

Und welche Geräusche umgeben dich?

Sind es Stimmen von Tieren, sanftes oder wildes Rauschen der Wellen, des Windes, der durch die Blätter von Palmen weht?

Höre genau hin, was du hier hören kannst.

Pause ca. 10 sec.

Nun mach dich auf die Reise, um dir den Platz zu suchen, auf dem du eine Zeit für dich oder mit anderen verbringen möchtest. Finde heraus, ob dir diese Insel genug Nahrung bieten könnte, um eine Zeit lang zu verweilen und gib dich vollkommen dem Hier und Jetzt hin.

Du alleine entscheidest, was hier nun geschehen darf und wie lange du bleiben möchtest.

In der Welt der Fantasie bestehen weder Raum noch Zeit, sodass du alleine bestimmst, wie lange hier dein Sein verweilen möchte.

Nimm dir Zeit und genieße beim Klang der Hintergrundmusik deine Kreativität, mit der du nun dein gesamtes Umfeld erschaffst.

Pause ca. 30 – 40 sec.

MEERESRAUSCHEN als Hintergrund wenn **vorhanden**

Wie hast du dein Umfeld erschaffen? Wo bist du nun gelandet? Bist du im Landesinneren, umgeben von wilder unberührter Natur oder an einem belebten Platz? Blicke um dich und erkenne, welche Umgebung du hier vorfindest. Wünschst du dir hier Ruhe und Entspannung oder Unterhaltung und Abwechslung?

Brauchst du Zeit ganz für dich alleine oder willst du alle dir wichtigen Menschen um dich versammeln, denen du DEINE INSEL zeigen kannst, die hier mit dir erleben dürfen, was dir besonders wichtig ist und denen du hier an diesem Platz all deine Wünsche mitteilen kannst, die dir im gemeinsamen Umgang wichtig erscheinen? Alles ist möglich in deiner Welt.

DU entscheidest JETZT, was hier in den nächsten Momenten geschehen wird – entweder setzt oder legst du dich entspannt hin und genießt die vollkommene Ruhe oder du gehst ins Meer und lässt dich vom Wasser tragen.

Vielleicht lädst du aber jetzt lieber all jene Menschen ein, mit denen DU hier deine Zeit verbringen möchtest.

Nütze den Moment und genieße all das, was kommt.

Pause ca. 30 – 40 sec.

Nun wird es wieder langsam Zeit zurückzukehren, zurück in deine Alltagsrealität, gestärkt und mit dem Bewusstsein, jederzeit in diesen magischen Platz für kurze Momente einzutauchen. Mache noch eine letzte Runde auf deiner Insel und verabschiede dich in Ruhe von den möglicherweise anwesenden Menschen und deiner Umgebung.

Sag allen, die dir wichtig sind, wie dankbar du für sie in deinem Leben bist und wenn du alleine geblieben bist, bedanke dich für die Zeit der Ruhe und Erholung, die du hier hattest.

Nimm alles noch ein letztes Mal ganz intensiv in dich auf und nimm von dort all das mit, was dir in anstrengenden Momenten Unterstützung geben kann, ein wenig abzuschalten.

Ich werde dich jetzt gleich wieder wecken und bis 5 zählen.

Bei 5 bist du wieder hellwach, frisch und munter. Jede Müdigkeit und auch Schwere ist dann aus deinem Körper verschwunden und dir wird die Möglichkeit gegeben sein, diese tiefe, allem innewohnende Stille mit in deinen Alltag zu nehmen, um dich in Momenten, in denen dir all der Lärm um dich zu viel wird, an sie zu erinnern.

1 – du beginnst langsam zu erwachen

2 – jede Schwere und Müdigkeit schwindet – du wirst immer munterer und erfrischter

3 – dein ganzer Körper ist wieder leicht und frei

4 – dein Kopf ist frei und klar. Jede Müdigkeit und Schwere ist jetzt aus deinem Körper verschwunden – du fühlst dich energieladen und kraftvoll

5 – du bist jetzt wieder hellwach, frisch und munter. Du fühlst dich wohl, entspannt und ausgeruht.

Herzlich willkommen zurück in deiner Welt!

GANZ KURZE ENTSPANNUNGSREISE

Musik wenn vorhanden mit Meeresrauschen oder Wal- und Delfinklängen

3) Im Meer meiner Seele

Wenn du innere Unruhe und Unsicherheit verspürst, soll dir diese kurze Reise dazu verhelfen, wieder ruhig, entspannt und gelassen zu werden, damit du friedvoll in deinen Alltag zurückkehren kannst.

Lege dich entspannt hin und atme tief ein und aus, immer tiefer. Lass deinen Atem immer ruhiger und tiefer werden und deinen Körper schwer in die Unterlage sinken.

Deine Augen werden schwer. Deine Augen sind ganz schwer, so schwer, dass sie gleich zufallen. Ganz von selbst fallen deine Augen zu. Deine Augen sind jetzt fest geschlossen und bleiben es während der gesamten Zeit deiner Reise. Deine Augen können sich nun vollkommen entspannen.

Atme weiter tief ein und aus, ganz tief ein und aus, atme fünf bis sechs Atemzüge in deinem Tempo tief ein und aus.

Pause ca. 45 sec.

Nun folgst du nur meinen Worten und dem sanften Klang der Musik im Hintergrund. Alles, was hier sonst noch in deiner Umgebung wahrnehmbar ist, rückt in weite Ferne.

Lass dich voll und ganz auf diese Reise ein und entspanne dich tiefer und tiefer und lausche meiner Stimme – so als ob sie deine wäre:

„Meine Seele ist ein Meer, ein ganz ruhiges Meer mit spiegelglatter Wasseroberfläche.

Am Ufer des Meeres befinden sich wunderschöne Bäume – ich sehe Pinien, auch ein paar Palmen. Plötzlich entdecke ich ein altes grünes Ruderboot, das an einem liegengebliebenen Baumstamm am Strand angehängt ist. Ich binde es los und ziehe es ins Wasser. Mit diesem Ruderboot rudere ich in Richtung einer kleinen Insel, die ich von hier aus ganz nahegelegen sehen kann. Das Wetter ist strahlend schön – die Sonne scheint – das Wasser ist spiegelglatt und ganz ruhig und auch ich selbst werde immer ruhiger und friedlicher. In der Nähe der kleinen Insel lasse ich mein Boot sanft dahinschaukeln – plötzlich erscheint ein weißer Pelikan auf der Wasseroberfläche, taucht einmal unter, um Futter zu holen und lässt sich dann vollkommen ruhig und bewegungslos vom Wasser tragen. Majestätisch und würdevoll bewegt er sich über die Wasseroberfläche. Ich beobachte ihn und werde dabei noch ruhiger in meinem Inneren.

Dann werde ich selbst zu diesem Pelikan …

Ich fühle mich frei und zugleich vollkommen getragen von der Wasseroberfläche. Nichts muss ich mehr tun – einfach nur mit dem Wasser mittreiben. Ich bin hier sicher und geborgen, von der Sonne beschienen und fühle mich zutiefst entspannt.

Immer mehr Ruhe erfasst mein gesamtes Wesen.

Ich spüre, wie ich selbst als dieser Vogel wieder abheben möchte und verwandle mich doch zurück in mich selbst.

Nun sitze ich in diesem Boot und sehe, wie sich der Pelikan erhebt und in die Ferne fliegt, während ich ans Ufer zurückrudere, das Boot aus dem Wasser ziehe, es wieder anhänge und mich dann zum Wasser stelle, um den Pelikan zu beobachten, der in weiter Ferne am Horizont verschwindet – vollkommen ruhig und gelassen bin ich nun bereit, wieder zurückzukehren in meine Welt..."

Pause ca. 15 sec.

Mach dich bereit für deine Rückreise in deine Alltagswelt. Ich werde nun von 1–3 zählen und bei 3 wirst du vollkommen friedvoll und gelassen, aber auch kraftvoll gestärkt in deinen Tag zurückgekommen sein.

1 – du atmest gut durch und streckst deine Glieder

2 – dehne dich und gähne und öffne deine Augen

3 – du bist wieder zurück im Hier und Jetzt auf deiner Unterlage – blicke um dich und lächle

Herzlich willkommen zurück in deiner Welt!

Teil 2

NATUR UND MÄRCHENWELT

Faun und Elfe

Ich erzähle dir von meiner gar wundersamen Begegnung an einem Fluss, der umgeben ist von Wäldern, Hügeln und mächtigen Felsen.

Als ich mich heute am frühen Morgen aufmachte, meinen Tag in der unberührten Natur zu verbringen, erfüllte mich ein gar tiefes Empfinden von friedvoller Ruhe. Die ersten Sonnenstrahlen bahnten sich ihren Weg durch die Wolken, die noch auf meiner Fahrt zu meinem Kraftplatz den Himmel bedeckten. Ich genoss es, mich entschieden zu haben, schon in aller Frühe aufzubrechen, da ich wusste, dass zu dieser Zeit nur ich mich dort befinden würde. Schon bei der Fahrt erlebte ich ein lichtvolles Schauspiel der immer kraftvoller strahlenden Sonne, das zuerst die Umgebung, durch die ich fuhr, in ein sanftes Rot-Orange tauchte, um dann in einem fulminanten Finale die Wolken zu durchbrechen und sich in ihrer vollen Schönheit zu zeigen. Ich kam somit schon mit der wärmespendenden Energie der Sonne zu meinem Lieblingsplatz am kühlen Fluss, durch den ich noch ein Stück mit der Strömung waten musste, um zu meinem *Geheimplatz* zu kommen.

So sitze ich nun hier, höre den Wind durch die Äste der Bäume streichen, Vogelstimmen aller Arten und lausche hingebungsvoll dem Fluss des Wassers, das an jeder

Stelle einen anderen Klang entfaltet. Vor mir befindet sich ein tieferes Wasserbecken zum Eintauchen, zu dem das Wasser über einige Abstufungen nach unten strömt, was mir ein Gefühl tiefer Sicherheit und Ruhe vermittelt. Ich genieße es, dem ständigen Rauschen zuzuhören, in dem Wissen, wie sehr wir alle im Fluss des Lebens getragen werden, wenn wir uns nur vertrauensvoll diesem übergeben. Keine schönere Musik kann für meine Ohren erklingen als jene der Natur. Ich schließe meine Augen, um mich ausschließlich auf meine anderen Sinne zu besinnen. So vieles ist uns durch die scharfe und zumeist wertende Sicht der Augen verwehrt, wahrhaft zu sehen. So sitze ich ruhig und tief atmend hier und genieße den erwachenden Tag mit all seinen unterschiedlichen Geräuschen. Wie lieb mir doch diese Klänge sind, wie sehr ich oftmals unter den von Menschen erzeugten Lärmquellen leide! Immer stiller wird es in meinem Inneren – mein Geist wird ruhig wie ein klarer Bergsee, meine Gedanken entschwinden meinem Bewusstsein und mein Atem wird immer tiefer. Ich spüre ein Lächeln in meinem Gesicht, rieche intensiv die außergewöhnlichsten Düfte um mich, ertaste den steinigen Boden mit meinen Handflächen und nehme alles intensiv wahr. Ich bin in diesem Augenblick unbeschreiblich glücklich, ohne irgendetwas zu benötigen, um dieses in mir tief empfundene Gefühl zu erleben. Das Wasser rauscht stetig dahin, die Blätter der Bäume säuseln im Wind und ein sanfter Windhauch streift über meinen nackten, von der Sonne beschienenen Körper. Unendliche Dankbarkeit breitet sich in mir aus – eine Dankbarkeit für mein menschliches Dasein, das ich in einer derart unberührten Natur hier an diesem Platz genießen darf.

Ich habe keine Ahnung, wie lange ich so in dieser friedvollen Stille dagesessen bin, als mich plötzlich etwas an meiner Nase kitzelt, als wäre ein zarter Flügel an ihr vorbeigestreift. Unmittelbar danach habe ich das Gefühl, es würde mich etwas an meiner linken großen Zehe zwicken und in weiterer Folge streift ein sanfter Hauch über meine Hände, die ich in der Mitte zwischen meinen Beinen in Meditationshaltung ineinandergelegt habe. Nun kann ich dem Drang, meine Augen zu öffnen, einfach nicht mehr widerstehen. Ganz langsam öffne ich meine Lider, um sie gleich wieder zu schließen, weil ich vor mir etwas gesehen habe, was bisher für meine Augen verborgen gewesen ist. Ich kann es nicht glauben … wieder öffne ich zaghaft meine Augen und sehe sie tatsächlich, all diese vielen Naturwesen, die ich bisher ausschließlich vage um mich fühlen konnte. Ich blicke über das Wasser und sehe Gnome, Elfen und Feen in allen Farben, Formen, unterschiedlichen Größen und in all ihren unterschiedlichen Handlungen. Sie scheinen den Waldboden zu fegen, die Bäume nach Käfern abzusuchen, ein kleines Floß für den Fluss zu bauen und allen möglichen anderen Aktivitäten nachzugehen. Ich wage es kaum noch zu atmen, so berührt bin ich von dem, was sich mir zeigt und zugleich glaube ich, mich in einem Traum zu befinden. Nochmals schließe ich meine Augen ganz fest, um sie erneut weit aufzureißen und zu erkennen, dass ich offensichtlich doch nicht träume. Ich rühre mich nicht vom Fleck, aus Angst, dieses besondere Bild könnte mir entschwinden. Doch schon zwickt mich wieder etwas an meiner großen Zehe. Ich blicke zu meinen Füßen und sehe zwei kleine Wesen direkt vor mir. Sie sind beide sicherlich nicht größer als eine Fingerspanne meiner Hand. Als ich mit großem

Erstaunen auf sie blicke, beginnt der kleine, gar lustig aussehende Mann in einer ganz eigenartigen Tonlage mit mir zu reden: „Na endlich, war ja schon höchste Zeit, dass du bereit bist, uns auch zu sehen. Du weißt ja gar nicht, wie oft wir in den letzten Jahren schon versucht haben, mit dir zu reden. Ich bin der Faun Olin, und sie, meine Holde, ist die Rosenelfe Amira. Heute sind wir hier alle versammelt, weil unser beider großer Festtag ist. Du bist genau im richtigen Moment erwacht, um an unserer Hochzeit teilzuhaben, wenn du es möchtest. Du hast ja keine Ahnung, wie wichtig es ist, Euch Menschen klar zu machen, dass Ihr endlich bereit sein müsst, Euch zu besinnen und wir wissen, dass wir nur solche erreichen können wie dich, die du selbst so sehr danach strebst, Bewusstheit und Wandel zu erfahren. Willst du, liebe …wie heißt du nochmals? … ich habe es jetzt in meiner Aufregung vergessen!" „Sophia", antworte ich in meiner unendlichen Verblüffung über all das, was sich mir hier auftut. „Also, liebe Sophia", spricht Olin weiter, „willst du unseren Bund bezeugen und damit auch die Pforten eröffnen, die unsere Welt mit Eurer hier verbinden? Es wäre uns eine große Ehre. Es ist doch ein Zeichen, dass du genau an diesem heutigen Tag alle Barrieren hast fallen lassen. Nun ist es dir endlich möglich, uns nicht nur mehr vage zu fühlen, sondern auch jederzeit mit uns zu kommunizieren. Sei unser Ehrengast zu unserem hohen Feste!" Tränen der Berührtheit fließen meine Wangen hinunter und leise schluchzend antworte ich: „Ihr habt ja keine Ahnung, wie sehr ich mich danach gesehnt habe, Euch alle endlich sehen und hören zu dürfen. Ich glaubte zuvor, mich in einem Traum zu befinden und bin einfach nur dankbar, dass dieser langersehnte Traum nun Wirklichkeit werden durfte. Was glaubt Ihr, wie geehrt ich mich fühle, bei einem solchen Anlass in Eure Welt eingeladen zu sein. Ich werde mich würdig erweisen, Euren Hochzeitsbund zu besiegeln und wenn es mir erlaubt wird, wünsche ich mir, auch die Patenschaft für Euer erstes Kind zu übernehmen, um dieses mit unserer Welt in Liebe vertraut zu machen und zugleich in meiner Umgebung Eure Botschaften zu verbreiten." Tief und dankbar verneige ich mich vor den beiden kleinen Wesen und höre in diesem Moment einen sphärischen Klang, eine unbeschreibliche Melodie, die die gesamte Umgebung in Schwingung versetzt und einen enormen Energieanstieg ermöglicht. Ich beginne mitzusingen und zuzusehen, wie all die Wesenheiten im Reigen zu tanzen beginnen. Ich freue mich Gast bei ihnen zu sein …

Plötzlich höre ich ein Rascheln in meiner Nähe.

Eine Frau taucht mit zwei Hunden auf, die ganz irritiert an meinem Platz und auch auf der anderen Seite des Ufers herumschnüffeln. Verwirrt blicke ich zu der Frau, die mich freundlich grüßt, blicke wieder zu meinen Füßen und sehe sie nicht mehr, meine kleinen Freunde.

Wie sehr ich mir wünsche, dass sie gleich wieder auftauchen mögen … wir haben doch einen großen Festtag vor uns.

LANGE REISE

Musik nach dem persönlichen Empfinden ... wenn vorhanden mit Naturgeräuschen

4) Im Reich der Naturwesen

Du erlebst jetzt eine Reise in eine Welt, die dir möglicherweise noch aus deiner Kindheit in Erinnerung ist – in eine Welt der Zwerge, Gnome, Elfen und Feen – in eine Welt, die ständig um uns ist und doch nicht wahrgenommen wird. Möglicherweise gibt es sie tatsächlich – diese kleinen Naturwesen, die uns Menschen vieles beibringen können, um mehr Achtung und Respekt für die Natur und unseren Mutterplaneten zu entfalten. Vielleicht ist es dir durch Bewusstwerdung möglich, nach dieser Reise mehr Achtsamkeit mit der Natur, dir selbst und all den Lebewesen um dich zu erfahren.

Lege dich entspannt hin und decke dich eventuell mit einer warmen Decke zu, um zu verhindern, dass dein Körper abkühlt und sich damit wieder dein Verstand in den Vordergrund drängt.

Schließe deine Augen und atme tief ein und aus, ganz tief ein und aus, atme fünf bis sechs Atemzüge in deinem Tempo tief ein und aus.

Pause ca. 45 sec.

Während du so tief ein- und ausatmest, entspannt sich dein Körper mehr und mehr. Stell dir vor, wie mit jedem Ausatmen Spannung und Belastung aus deinem Körper strömen und mit jedem Einatmen Ruhe und Gelassenheit dein gesamtes Wesen erfüllen.

Höre nun aufmerksam auf die Musik, die mit ihren Klängen deinen Raum erfüllt und immer mehr und mehr in dir eine entspannende und lösende Wirkung in deiner Muskulatur, deinen Gedanken, deinen Körperorganen und deinem Geist hervorruft.

Lass es zu, dass die Klangwellen deinen gesamten Körper umhüllen und in einen eigenen Klangteppich eintauchen.

Pause ca. 10 sec.

Nun spürst du, wie diese Wellen der Musik in deinen Körper strömen und sich ein befreiendes Gefühl der Entspannung von deinem Bauchraum sternenförmig durch die anderen Körperteile ausbreitet.

Lasse diese Wellen deine Muskeln und Nerven vollkommen entspannen, spüre, wie die Klänge jede Spannung abtransportieren.

Nun breiten sie sich weiter aus und erreichen deine Schultern, deinen Nacken, strömen durch deine Arme und fließen weiter in deine Hände, die alle Spannungen des Alltags loslassen können. Auch deine Finger sind locker und entspannt.

Wieder von deinem Zentrum ausgehend, strömen nun die Klangwellen durch dein Becken und über dein Gesäß nach unten in die Beine, die ebenso alle Spannungen deines Tages loslassen können und ruhig und gelassen in die Unterlage sinken. Der Klang erfasst deine Füße und lässt die Wellen der Musik aus deinen Zehen strömen.

Sanft umhüllt dich wieder der Klangteppich, dem du dich mehr und mehr mit Ruhe und Gelassenheit hingibst.

Jetzt strömt die Musik von oben über deinen Kopf in dein Inneres und lässt dein Gehirn und deine Gesichtsmuskulatur frei und leicht werden, während die Klänge dein Herz berühren und dich weit und sanft für neue Erfahrungen öffnen.

Schon spürst du tiefe Ruhe, Gelassenheit und Entspannung dein gesamtes Sein erfassen und genießt es, die Schwere deines Körpers wahrzunehmen.

Ich werde nun ganz langsam von 5 bis 1 zählen und wenn ich bei 1 angelangt bin, befindest du dich

Inmitten einer Blumenwiese umgeben von der Schönheit einzigartiger Natur.

5 – mit jedem Atemzug entspannst du dich noch ein Stück tiefer in diesen angenehmen Zustand der Ruhe und Gelassenheit

4 – immer mehr entfernt sich dein Geist von deinem Körper, während du tiefe Ruhe erlebst

3 – du atmest ein und aus und genießt die Stille in dir und um dich

2 – dein Körper bleibt ganz geschützt auf deiner Unterlage zurück, während dein Geist nun frei ist, überall hin zu schweben

1 – nun befindest du dich

Inmitten einer Blumenwiese umgeben von der Schönheit einzigartiger Natur.

Blicke um dich und nimm alles wahr, was du in deiner Umgebung erkennen kannst – möglicherweise siehst du sanfte Hügel in der Ferne oder einen Wald, der an diese Wiese grenzt.

Nimm alles wahr, was du hier sehen kannst.

Nun lausche den Geräuschen um dich, den Stimmen verschiedener Tierarten, dem Klang eines nahegelegenen Wassers, dem Surren der Insekten – all dem, was DU hier hörst.

Schärfe auch deinen Geruchssinn. Wie riecht diese Naturumgebung?

Und blicke sorgsam um dich, ob hier in der Natur etwas zu finden ist, von dem du möglicherweise auch naschen kannst. Wenn ja, so koste von den Früchten oder Heilkräutern, die um dich sind. Hab keine Angst, etwas Giftiges zu erwischen, dein reines Bewusstsein weiß darum, was gut für dich ist.

Pause ca. 15 sec.

In dir wird nun der Ruf erklingen, dass du zu einem Fest geladen bist, einem Fest all der Naturwesen deiner Umgebung, jener weisen und gütigen Wesen, die uns Menschen vermitteln wollen, wie wichtig es ist, unserem Planeten wieder mehr Achtung und Fürsorge zu geben, um ihn nicht endgültig zu zerstören.

Du hast keine Ahnung, wo dieses Fest stattfinden soll. Dennoch machst du dich bereit und beginnst einen wunderschönen Strauß verschiedener Wiesenblumen zu pflücken. Du brauchst doch ein Gastgeschenk und hast keine andere Wahl, als diese Möglichkeit zu nützen. Erinnere dich zurück, wann du das zum letzten Mal gemacht hast.

Genieße es, verspielt wie ein Kind über die Wiese zu laufen, zu tanzen und dich an all den Blumen zu erfreuen.

Pause ca. 10 sec.

Während du nun so ganz bedächtig deinen Strauß bunter Blumen pflückst, schärfen sich deine Sinne immer mehr und langsam beginnst du sie wahrzunehmen – all diese kleinen Wesen, die hier mit dir auf dieser Wiese sind. Halte inne und blicke um dich. Wen kannst du erkennen? Siehst du oder spürst du sie, ihre Anmut, ihre Sanftheit? Unvermittelt nimmst du wahr, wie dein Schritt achtsamer wird, in dem Bewusstsein, womöglich ein anderes Wesen hier zu verletzen. Immer mehr nehmen sie Form für dich an, lächeln dir zu und nehmen Kontakt zu dir auf. Schau hin und lausche, was sie dir zu sagen haben.

Pause ca. 20 sec.

Sie erzählen dir, dass es heute ein großes Fest gibt, eine Zusammenkunft all der Naturwesen, die zu diesem Ereignis Menschen eingeladen haben, die bereit sind, gemeinsam auch wieder an der Heilung ihres Bewusstseins und der Achtsamkeit für die Natur und die Menschheit mitzuwirken. Somit erfährst du, dass du dort auch anderen deiner Artgenossen begegnen wirst und bist schon ganz neugierig, was dich dort erwartet. Möglicherweise wirst du auch dir vertrauten Menschen begegnen.

Wie von einem magischen Band gezogen, folgst du nun einem Pfad, der sich dir auftut, ohne zu wissen, wohin er dich führt und merkst, wie du innerlich immer mehr Vertrauen und Ruhe bekommst. Du bist dir sicher, richtig geführt zu sein, keinen Gefahren ausgesetzt zu werden und nur der Stimme deines Herzens folgen zu können, um am richtigen Ort zur richtigen Zeit zu landen. Immer neugieriger und offener wirst du auf deinem Weg mit deinem wundervollen Blumenstrauß in deinen Händen. Du genießt die Pracht der Natur, die Stimmen der Tiere, die dich umgeben und nimmst alles aus deiner Umgebung mit immer geschärfteren Sinnen wahr.

Ganz unerwartet offenbart sich dir ein unglaublicher Platz – was du siehst, ist mit wenigen Worten nicht zu beschreiben. Es eröffnet sich dir eine vollkommen strahlende Umgebung, in der du alles klar und deutlich erkennen kannst. Im Hintergrund tut sich vor deinen Augen ein prachtvoller Wasserfall auf, in dessen Becken das Wasser in allen Farben im Sonnenlicht zu glitzern scheint. Am liebsten würdest du sofort dorthin gehen und dich vom klaren Wasser umspülen lassen.

Du kannst es nicht glauben, wie viele andere Wesen offensichtlich hier auch zu Hause sind.

Sie alle strahlen dich an und freuen sich über dein Kommen.

Es sind nicht nur die dir bisher unsichtbaren Wesen, sondern auch eine Vielzahl an Tieren, die offensichtlich keine Angst vor dir haben und direkt vor dir erscheinen.

Eine Stimme erhebt sich aus dieser Vielzahl der Anwesenden und heißt dich willkommen:

„Wir alle hier begrüßen dich, geliebtes Menschenwesen, wie schön, dass du den Mut und die Offenheit hast, dich in unsere Welt zu begeben. Wir haben dich gerufen, damit du uns hilfst aus unserem so verletzten Planeten wieder ein Reich der Liebe, des Friedens und der Gemeinsamkeit zu erschaffen. Du musst nichts Großartiges leisten, doch bitten wir dich, all jene, die auch mit dir sind, immer wieder daran zu erinnern, dass es an jedem Einzelnen liegt, eine Umgebung mit Frieden und Harmonie zu erfüllen. Sei willkommen und genieße dieses Fest mit uns – nimm all das mit, was dir persönlich am wichtigsten erscheint."

Du bedankst dich und fragst, wem du diesen Strauß als Gastgeschenk überreichen darfst. Die Antwort, die du erhältst, verblüfft dich ein wenig: „Wir bitten dich, ihn mit zu dir in dein Zuhause zu nehmen und dich durch ihn immer an das hier Erlebte zu erinnern, wenn du in deinem Alltag wieder zu sehr in die Welt des

Menschlichen und der Unachtsamkeit eintauchst. Dennoch danke ich – danken wir – dir für dein Geschenk, das wir – ich selbst und alle meine Gefährten – mit unseren Herzen hier annehmen und wertschätzen." Diese Worte kamen aus dem Mund von mehreren um dich – du siehst eine Elfenkönigin, einen Waldgnom, eine Blumenfee, die auf dich zu schwebt und sanft deine Wangen berührt und noch ganz viele andere, die dich wohlmeinend ansehen.

Und plötzlich nimmst du wahr, dass von anderen Seiten Menschen auf diesem Platz erscheinen, viele von denen könnten dir vertraut sein, andere kennst du nicht persönlich – sieh um dich und begrüße all jene, die auch hierhergekommen sind, um gemeinsam dieses Fest zu feiern. Wechsle mit einigen ein paar Worte.

Pause ca. 40 – 50 sec.

Gemeinsam eröffnet sich euch ein Buffet köstlicher Speisen, von denen du genüsslich kostest. Getrunken wird hier klares, reines Quellwasser, das so wohltuend und heilend schmeckt, wie du Wasser zuvor noch nicht genossen hast.

Nachdem du dich an all den Speisen gelabt hast, wirst du gebeten, dich gemeinsam mit den anderen Menschen, die hier mit dir sind, in das Becken des Wasserfalls zu begeben. Niemand kennt hier Scham und Peinlichkeit. Ganz natürlich erscheint es dir, dich deiner Kleider zu entledigen und in das Becken zu steigen. Es gibt hier kein Verurteilen, Bewerten und Vergleichen. Du wirst wie ein Kind, das ausgelassen im Wasser schwimmt und mit den anderen tanzt und lacht.

Zum Abschluss stellst du dich unter den Wasserfall und lässt alles von und in dir klären und reinigen, das noch einer heilenden Unterstützung bedarf. Anschließend steigst du aus dem Wasser, lässt dich auf den Boden nieder und genießt es von der Wärme der Sonne getrocknet zu werden, während ein leichter Windhauch deinen Körper umspielt.

Von jedem der Elemente strömen heilende Energien zu dir.

Pause ca. 30 sec.

Schon beginnt es zu dämmern und die Tiere und Naturwesen ziehen sich langsam zurück, während es immer stiller und ruhiger um dich wird.

Es ist nun auch für dich die Zeit gekommen, aufzubrechen. Du nimmst deinen Blumenstrauß, verabschiedest dich von den noch Anwesenden, so wie es auch die anderen tun und machst dich von deinem Herzen geführt auf die Rückreise zu deiner Wiese.

Wie selbstverständlich kommst du dort wieder an und spürst unendliche Dankbarkeit für das Erlebte in dir, mit dem Wissen in Zukunft wieder viel mehr Achtsamkeit für deine Umgebung aufzubringen.

Setze dich dort an einen schönen Platz und blicke nochmals um dich.

Pause ca. 10 sec.

Nun verabschiede dich auch von dort und mach dich bereit, wieder zurückzukehren in deine Alltagsrealität, um von nun an bewusster und achtsamer in jedem

Moment mit dir selbst und deiner Umgebung umzugehen. Erinnere dich in so manchen Momenten an deinen Blumenstrauß – dein Geschenk an dich selbst.

Ich werde von 1 bis 5 zählen und bei 5 wirst du wieder vollkommen klar und gestärkt zurück sein, bereichert um all das, was du soeben erleben durftest.

Musik weg oder Wechsel in etwas kraftvollere Klänge

Stimme wird lauter und direkter:

1 – du hörst intensiv die Klänge der Musik – dabei werden deine Arme und Beine wieder frei und locker

2 – ein Lächeln erscheint auf deinem Gesicht

3 – du nimmst tiefe Atemzüge und spürst deinen Körper, durch den die Musik strömt und dich gut aufweckt

4 – strecke und rekle dich, dehne dich und gähne

5 – du kehrst nun gestärkt und kraftvoll hierher zurück – öffne deine Augen, blicke um dich und nimm noch ein paar Atemzüge, um ganz in deinem Tempo zu erwachen.

Herzlich willkommen zurück in deiner Welt!

KURZE REISE

Musik nach dem persönlichen Empfinden ... wenn vorhanden mit Naturgeräuschen

5) Wie im Märchen

Manches Mal hast du möglicherweise das Gefühl, deinem Alltag mit all seiner Verantwortung, dem ständigen Tun und der vielen Hektik entkommen zu wollen. Diese kurze Reise ermöglicht dir, in eine Welt einzutauchen, die dich unbeschwert und frei sein lässt und dir erlaubt, jede Belastung für wenige Momente abzuwerfen, um in die Welt eines unbeschwerten Kindes einzutauchen, das mit seinen Freunden aus dem Märchenreich in Kontakt treten kann.

Lege dich entspannt hin und decke dich eventuell mit einer warmen Decke zu, um zu verhindern, dass dein Körper abkühlt und sich damit wieder dein Verstand in den Vordergrund drängt.

Schließe deine Augen und atme tief ein und aus, ganz tief ein und aus, atme fünf bis sechs Atemzüge in deinem Tempo tief ein und aus.

Pause ca. 45 sec.

Begib dich in deinem inneren Bild in einen mit Kerzen erleuchteten Raum und blicke in das warme flackernde Licht dieser vielen Kerzen um dich. Während du auf diese Weise tief ein- und ausatmest, entspannt sich dein Körper mehr und mehr. Stell dir vor, wie mit jedem Ausatmen Spannung und Belastung aus deinem Körper strömen und mit jedem Einatmen Ruhe und Gelassenheit dein gesamtes Wesen erfüllen.

Lass nun das Licht in deinen Körper strömen, all deine Zellen, deine Organe, Knochen und Blutgefäße mit diesem warmen orangefarbenen Licht erfüllen und stell dir vor, dass dieses Licht überallhin strömt und alle Verspannungen in dir auflöst.

Deine Arme und Beine werden vom Licht durchflutet, das Licht erzeugt ein Kribbeln in deinen Händen und Füßen und durchströmt deinen Oberkörper bis hinauf zu deinem Kopf, in dem es deine Gedanken zur Ruhe bringt, sämtliche Verspannungen löst und dich ganz bei dir ankommen lässt – warm und erfüllt.

Ich werde nun ganz langsam von 5 bis 1 zählen und wenn ich bei 1 angelangt bin, befindest du dich

In einer Märchenwelt.

5 – mit jedem Atemzug entspannst du dich noch ein Stück tiefer in diesen angenehmen Zustand der Ruhe und Gelassenheit

4 – immer mehr entfernt sich dein Geist von deinem Körper, während du tiefe Ruhe erlebst

3 – du atmest ein und aus und genießt die Stille in dir und um dich

2 – dein Körper bleibt ganz geschützt auf deiner Unterlage zurück, während dein Geist nun frei ist, überall hin zu schweben

1 – nun befindest du dich

In der Märchenwelt, in der du wieder unbeschwert und leicht ganz Kind sein kannst.

Blicke an dir herab. Wie siehst du aus in dieser märchenhaften Welt? Bist du selbst ein Märchenwesen, ein unbeschwertes Kind oder einfach du selbst, bereit für eine kurze Zeit die Leichtigkeit des unbeschwerten Daseins zu genießen?

Blicke auch um dich. Wo befindest du dich in diesem Moment? Möglicherweise auf einer großen lichtdurchfluteten Wiese, in einem geheimen Märchenwald, auf einer Waldlichtung oder in einem geheimnisvollen Haus? Sei dir bewusst, dass DU selbst dir diese Welt der Leichtigkeit erschaffst und alles um dich entstehen lassen kannst. Versuche es, bloß mit deinen Fingern zu schnippen und deine Wünsche wahr werden zu lassen.

Probiere es aus und sieh, was geschieht!

Pause ca. 15 sec.

Du bist nun in deiner wunderbaren Welt, in der all deine Wünsche sich verwirklichen können – im

Schlaraffenland selbst. Schreite durch das Reich deiner Schöpfung und beobachte all jene, die dir hier begegnen. Nimm mit denen Kontakt auf, die dein Herz erfreuen, spiele, tanze, singe und lache mit ihnen und erkenne, dass dir hier jeder Wunsch unmittelbar erfüllt wird. Das köstlichste Mahl kann dir an diesem Platz gereicht werden, sprudelnde Quellen einzigartiger Getränke offenbaren sich dir und das reinste, klare Quellwasser wird dir hier zur Verfügung gestellt. Wonach sehnt sich dein Herz in diesem Moment am meisten?

Ich werde dir eine Zeit in deiner Welt lassen, damit du dich erfreuen und genießen kannst und dir all das erschaffst, was du jetzt am dringendsten benötigst – es gibt keinerlei Beschränkungen. Sei im Reich der Fülle ganz zu Hause.

Pause ca. 1 min.

Was hast du alles erlebt in deiner Welt der Märchenwesen, in der du selbst ein Teil von allem bist? Wer bist du hier in dieser Welt – eine Fee, ein Elf, ein Riese, vielleicht Dornröschen oder Aschenputtel, der Held, der alle Rätsel löst oder ein mächtiger Riese in einer Welt der Zwerge? Bist du vielleicht ganz Du selbst, als Beobachter oder Beobachterin des Geschehens um dich oder genießt du es, ausgelassen mitzuspielen und zu feiern, ohne an ein Morgen zu denken?

Ich gebe dir nun für kurze Augenblicke die Möglichkeit, dich in die Rolle zu begeben, die dir am allerwertvollsten erscheint und von der du auch Anteile in deine Alltagswelt mitnehmen kannst, Qualitäten oder Eigenschaften, die diese besonders ausmachen und dir am Herzen liegen.

So schnippe ich nun mit meinem Feenstab und frage dich: „Wer bist du jetzt?"

Pause ca. 10 sec.

Verbinde dich so ganz mit diesem Anteil deiner selbst und nimm wahr, wie du dich jetzt fühlst, wie sich dein Körper in seiner Haltung verändert, welche Gedanken kommen, wie du riechst, was du um dich hörst und welcher Geschmack auf deiner Zunge ist. Verbinde dich vollkommen und ganz mit diesen Anteilen, die du nun gleich zurück mit dir nach Hause nehmen möchtest. Wer bist du hier?

Sieh dich noch einmal um und verabschiede dich von all deinen Freunden und Verbündeten und nimm die Leichtigkeit und Freude, die du hier erleben durftest, ganz in dein Herz auf.

Stell noch eine letzte wichtige Frage, wenn du es möchtest und lausche deiner unmittelbar auftauchenden Antwort in deinem Inneren.

Pause ca. 10 sec.

Ich werde dich jetzt gleich wieder wecken.

Kehre zurück in deinen kerzenerleuchteten Raum und blicke dir dieses wunderbar wärmende Licht nochmals an, bevor du es selbst aus deinem Körper strömen lässt und die Kerzen alle auf einmal mit einem intensiven Atemzug ausbläst.

Nun werde ich von 1–5 zählen – bei 5 bist du wieder hellwach, frisch und munter. Jede Müdigkeit und Schwere ist dann aus deinem Körper geschwunden.

1 – du beginnst langsam zu erwachen

2 – jede Schwere und Müdigkeit schwindet – du wirst immer munterer und erfrischter

3 – dein ganzer Körper ist wieder leicht und frei

4 – dein Kopf ist frei und klar. Jede Müdigkeit und Schwere ist jetzt aus deinem Körper verschwunden – du fühlst dich energieladen und kraftvoll

5 – du bist jetzt wieder hellwach, frisch und munter. Du fühlst dich wohl, entspannt und ausgeruht.

Herzlich willkommen zurück in deiner Welt!

GANZ KURZE ENTSPANNUNGSREISE

Musik wenn vorhanden mit dem Rauschen von Blättern

6) Mein Baum der Stärkung

Wenn du dich ein wenig kraftlos, erschöpft oder möglicherweise depressiv verstimmt fühlst, hast du nun eine gute Möglichkeit, dich zu deinem kraftvollen Baum zu begeben, der dir Stärkung und Energie gibt, an dem du dich anlehnen kannst und der dir dazu verhilft, auch deine eigenen Wurzeln besser zu spüren. Entweder hast du einen Lieblingsbaum, zu dem du nun gehen möchtest, oder du lässt dich einfach überraschen, welcher Baum vor dir erscheint.

Lege dich entspannt hin und atme tief ein und aus, immer tiefer. Lass deinen Atem immer ruhiger und tiefer werden und deinen Körper schwer in die Unterlage sinken.

Deine Augen werden schwer. Deine Augen sind ganz schwer, so schwer, dass sie gleich zufallen. Ganz von selbst fallen deine Augen zu. Deine Augen sind jetzt fest geschlossen und bleiben es während der gesamten Zeit deiner Reise. Deine Augen können sich nun vollkommen entspannen.

Atme weiter tief ein und aus, ganz tief ein und aus, atme fünf bis sechs Atemzüge in deinem Tempo tief ein und aus.

Pause ca. 45 sec.

Nun folgst du nur meinen Worten und dem sanften Klang der Musik im Hintergrund. Alles, was hier sonst noch in deiner Umgebung wahrnehmbar ist, rückt in weite Ferne.

Lass dich voll und ganz auf diese Reise ein und entspanne dich tiefer und tiefer und lausche meiner Stimme – so als ob sie deine wäre:

„Ich begebe mich zu einem Platz, an dem ein wunderschöner, kraftvoller Baum steht. Plötzlich sehe ich ihn vor mir und folge seinem Ruf. Zuerst betrachte ich ihn – seinen kräftigen Stamm, der tief in die Erde verwurzelt erscheint, seine Äste, die hoch in den Himmel ragen und sich der Sonne entgegenstrecken.
Langsam nähere ich mich ihm und berühre ihn mit meinen Händen. Er ist so mächtig und stark.
An diesen Baum lehne ich mich nun an, verwurzle mich selbst in der Erde und verschmelze vollkommen und ganz mit diesem Baum.

Ich spüre, wie seine und meine Wurzeln unter der Erde Verbindung aufnehmen und genieße diese Verbundenheit. Nun beginne ich die Energie, die von unten aus dem Erdreich kommt, intensiv von unten nach oben einzuatmen.

Ganz unerwartet erlebe ich wie meine Beine mit seinem Stamm eins werden. Kraftvolle Energie durchströmt alle meine Körperteile – meine Arme verschmelzen mit seinen Ästen – ich spüre sie immer kraftvoller und stärker werden. Ich fühle diese Äste mit allem, was aus ihnen sprießt und blüht. Es fühlt sich herrlich an, wie Lebensenergie durch alles strömt bis hinauf zu meinem Kopf, der nun mit der Baumkrone verbunden ist und vom Sonnenlicht bestrahlt wird. Dankbar nehme ich die universelle Energie von oben in mir auf und verbinde sie in meinem Inneren mit der Energie, die durch meine Wurzeln aus Mutter Erde zu mir strömt.

Immer mehr Energie fließt mir zu, immer ruhiger und stabiler fühle ich mich hier und dankbar dafür, mit allem verbunden zu sein."

Pause ca. 15 sec.

Mach dich langsam bereit, dich wieder ganz mit deinem Körper zu verbinden und deine Rückreise in deine Alltagswelt anzutreten. Atme noch mit ein paar Atemzügen die Kraft und Ruhe deines Baumes in dich hinein und kehre aufgeladen mit dieser Energie zurück in deine Welt.
Dann verabschiede dich von ihm und bedanke dich für seine Unterstützung.

Ich werde nun von 1–3 zählen und bei 3 wirst du vollkommen friedvoll und gelassen, aber auch kraftvoll gestärkt in deinen Tag zurückgekommen sein.

1 – du atmest gut durch und streckst deine Glieder

2 – dehne dich und gähne und öffne deine Augen

3 – du bist wieder zurück im Hier und Jetzt auf deiner Unterlage – blicke um dich und lächle

Herzlich willkommen zurück in deiner Welt!

GANZ KURZE ENTSPANNUNGSREISE

Musik wenn vorhanden mit Naturgeräuschen, z.B. Wind bläst ...

7) Am Zauberberg

Du hast mit dieser Reise die Möglichkeit, Klarheit in ungewisse und verworrene Lebenssituationen zu bringen oder in ein Problem, in dem du festzustecken scheinst und dir Kraft und Stärkung für deinen weiteren Weg sowie auch Ruhe und Weitsicht von oben auf die gesamte Situation zu ermöglichen.

Lege dich entspannt hin und atme tief ein und aus, immer tiefer. Lass deinen Atem immer ruhiger und tiefer werden und deinen Körper schwer in die Unterlage sinken.

Deine Augen werden schwer. Deine Augen sind ganz schwer, so schwer, dass sie gleich zufallen. Ganz von selbst fallen deine Augen zu. Deine Augen sind jetzt fest geschlossen und bleiben es während der gesamten Zeit deiner Reise. Deine Augen können sich nun vollkommen entspannen.

Atme weiter tief ein und aus, ganz tief ein und aus, atme fünf bis sechs Atemzüge in deinem Tempo tief ein und aus.

Pause ca. 45 sec.

Nun folgst du nur meinen Worten und dem sanften Klang der Musik im Hintergrund. Alles, was hier sonst noch in deiner Umgebung wahrnehmbar ist, rückt in weite Ferne.

Lass dich voll und ganz auf diese Reise ein und entspanne dich tiefer und tiefer und lausche meiner Stimme – so als ob sie deine wäre:

„Ich stehe auf einer wunderschönen Lichtung. Vor mir erhebt sich ein mächtiger, kraftvoller Berg, von dem ich gehört habe, dass er Menschen zu Weitsicht und Klarheit für ihre Lebenssituationen verhilft – er strömt eine unglaubliche Ruhe und zugleich Mächtigkeit aus. Auf diesen Gipfel wünsche ich zu kommen – ich weiß, dass ein Berg niemals zu bezwingen ist, bloß Schritt für Schritt zu besteigen. Kaum denke ich diese Gedanken, befinde ich mich mitten auf einem Pfad, der nach oben führt. Gar schwer sind meine Schritte, mühsam und atemlos gehe ich auf diesem Weg, blicke immer wieder nach oben und habe das Gefühl, mein Ziel niemals erreichen zu können. In diesem Moment vernehme ich Goethes Worte in mir:

Die Berge sind stille Meister und machen schweigsame Schüler.

Ich lächle und blicke bloß auf jenen Pfad, der sich mir unmittelbar vor meinen Augen eröffnet. Was ich sehe, ist die Schönheit der Natur um mich, ein Bächlein, an dem ich mich labe und erfrische, meinen eigenen Schatten, der im stetigen Tempo mit mir geht. Immer mehr erfüllt mich Leichtigkeit und Lebensfreude. Leichter und leichter werden meine Schritte und jede Schwere fällt von mir ab. Fast habe ich das Gefühl, aufwärts zu schweben, getragen von einer höheren Macht.

Ich kann es nicht glauben – das Gipfelkreuz erscheint vor mir und auf seiner Spitze thront ein mächtiger Adler, der mir tief in meine Augen blickt, so tief, dass ich nicht bemerke, wie ich plötzlich selbst zu diesem Vogel werde, meine Schwingen ausbreite und mich in die Lüfte erhebe. Ich fühle mich frei und mächtig, blicke nach unten, erblicke mich selbst und meine momentane Lebenssituation, die von hier oben so unbeschreiblich einfach erscheint – nichts erfüllt mich hier mit Angst und Sorge, weil ich weiß, dass schon die Lösung selbst vor meinen weitsichtigen Augen erkennbar ist – klar und deutlich vor mir…"

Pause ca. 20 sec.

Mach dich nun langsam bereit, dich wieder ganz mit deinem eigenen Körper zu verbinden und deine Rückreise in deine Alltagswelt anzutreten. Atme noch mit ein paar Atemzügen die Klarheit und Erkenntnis dieses weisen Vogels in deinen Körper und kehre aufgeladen mit dieser dir hier gegebenen Einsicht zurück in deine Welt.
Schon bist du wieder in deinem Körper und siehst den Adler am Horizont verschwinden.
Dankbar verabschiedest du dich von diesem herrlichen Berggipfel – blickst noch einmal von dort in die Ferne und über die Weite der Landschaft unter dir und legst dich tief entspannt auf einen mächtigen Felsen.

Pause ca. 15 – 20 sec.

Ich werde nun von 1–3 zählen und bei 3 wirst du vollkommen friedvoll und gelassen, aber auch kraftvoll gestärkt in deinen Tag zurückgekommen sein.

1 – du atmest gut durch und streckst deine Glieder

2 – dehne dich und gähne und öffne deine Augen

3 – du bist wieder zurück im Hier und Jetzt auf deiner Unterlage – blicke um dich und lächle

Herzlich willkommen zurück in deiner Welt!

TEIL 3

MEINE WAHRE HEIMAT

Metaphora, die Regenbogen-Frau

Hast du schon jemals diese wunderschöne Frau gesehen, wenn sich vor deinen Augen ein mächtiger Regenbogen aufgetan hat? Mir selbst ist sie auch erst vor kurzem begegnet, zu einem Zeitpunkt, als ich schon wieder einmal angefangen hatte, an meinen eigenen magischen Kräften zu zweifeln.

Es war ein strahlend schöner Tag, an dem ich es genoss, in meinem Garten zu sitzen und die Wärme der Sonne auf meiner Haut zu erleben. Ich grübelte vor mich hin und überlegte, wie es mir endlich möglich sein könnte, meinem Herzen zu folgen und den Mut zu haben, alles hier, was meinem Herzen nicht mehr entspricht, aufzugeben und mich dorthin führen zu lassen, wo ich so ganz meine Berufung leben darf. Ich wägte ab, ich überlegte, dass es noch nicht der richtige Zeitpunkt wäre und ich begann zu zweifeln, dass ich wirklich all diese Fähigkeiten besaß, anderen Menschen Wegbegleiterin zu sein und ... in diesem Moment erschütterte mich ein unglaublich heftiger Donner, ein Blitz schlug in der Nähe in die Erde und dunkle Wolken zogen auf. Danach begann es sofort unbeschreiblich heftig zu regnen. Ich konnte gerade noch meine Gartenmöbel unter das Dach stellen und in mein Haus huschen, bevor es schien, als würden Wasserkübel vom Himmel geleert werden. Zum Denken hatte ich in diesem Naturspektakel keine Zeit mehr. Doch war das Ganze ebenso schnell wieder vorbei, wie es begonnen hatte. Unmittelbar darauf sah ich schon wieder die Sonne und wusste, dass irgendwo sicher ein Regenbogen auftauchen würde.

Mitten in meinem Garten stehend blicke ich hinauf zum Himmel und suche nach ihm. In diesem Moment sehe ich einen wahrhaft großen, farbenfrohen, sich über das gesamte Himmelszelt wölbenden Regenbogen, der mir so nahe zu sein scheint, als könnte ich meine Hand ausstrecken und ihn berühren. Fasziniert blicke ich auf dieses wundervolle Kunstwerk der Natur, als sich mir etwas gar Ungewöhnliches eröffnet – eine Frau steht mitten in diesem Gebilde und blickt mich an. Ich starre fasziniert zu ihr, bis ich erfasse, dass das bloß Einbildung sein kann. Ich drehe mich kurz um, schließe meine Augen und atme drei Mal durch, dann wende ich meinen Blick wieder diesem Regenbogen zu, der unverändert farbintensiv vor mir erscheint … sie ist immer noch da und winkt mir zu. Ich kann es nicht glauben, verweile jedoch mit meinen Augen auf ihrer Gestalt und warte, was geschieht. Mit ihrer Hand deutet sie mir, näher zu kommen. Langsam bewege ich mich auf sie zu. Ich habe wirklich das Gefühl, gleich bei ihr zu sein, immer deutlicher nehme ich ihre Konturen wahr. Unbeirrt gehe ich weiter, bis es mir auch möglich ist, ihre Gesichtszüge gut zu erkennen. Sie hat ein zartes, ovales und ebenmäßiges Gesicht mit strahlend blauen Augen, umrahmt von lang gelocktem, blondem Haar. Ihr Kleid enthält all die Farben des Regenbogens und scheint übergangslos in ihn hineinzufließen. Intensiv fixiert sie mich mit ihrem Blick, während in mir die Frage auftaucht, die aber irgendwie zugleich von ihr zu kommen scheint: „Was ist es, das dich an dir zweifeln lässt? Warum dieses mangelnde Vertrauen in dich selbst? Wie viele Beweise brauchst du noch, dass du Menschen auf so vielen Ebenen berührst?" Die Stimme hallt in mir und um mich zugleich und lässt mich erschauern. „Weißt du nicht, dass wir als die Botschafterinnen zwischen den Welten auserkoren sind – du auf deine Weise und ich auf die meine?" Ich frage ganz vorsichtig, was denn ihr Auftrag sei. Daraufhin erhalte ich unverzüglich ihre Antwort: „Ich bin aufgerufen, Licht in die dunklen Plätze zu bringen, den Menschen mit meinem Erscheinen Hoffnung und Mut zu machen. Wie oft hast du nicht schon einen Wunsch ausgesprochen, als du einen Regenbogen gesehen hast? Er ist meine Brücke, auf der ich zwischen Himmel und Erde dahin wandle, die Atmosphäre reinige und kläre, all die Giftstoffe, die Menschen zur Zerstörung der eigenen Heimat erzeugen und in die Luft senden, abzuschwächen und wenn es mir möglich ist, ganz zu neutralisieren. Ich trage das Leid der Menschheit über das Himmelszelt, um es von oben wieder gereinigt zur Erde zu bringen und den Menschen – verwandelt in Mut, Kraft und Lebensfreude sowie in Liebe, Frieden und Vertrauen – zurückzugeben. Ich bin eine *Botschafterin der Transformationskraft* und heiße Metaphora, so wie du eine *Botschafterin der Liebe* bist. Ich habe mich von Anbeginn meiner Existenz aufgemacht, diese Botschaft zu verbreiten. Warum zögerst du immer noch, deinen Auftrag in vollem Umfang anzunehmen? Komm für kurze Zeit mit mir, um eine Reise zu machen und danach wirst du wissen, wohin deine weitere Lebensreise gehen soll." Langsam und voller Vertrauen gehe ich weiter auf sie zu, es scheint keinen Pfad zu geben und doch lande ich schwerelos an ihrer Seite. Ich bin nicht die Einzige, die mit ihr ist. Wie von magischer Hand gehoben, sehe ich von der anderen Seite meine Freundin auftauchen, die mich ebenso verblüfft ansieht wie ich sie. „Darf ich nun dich und deine Freundin, die sich ihrer Kraft als *Botschafterin der Kreativität* auch nicht umfassend bewusst ist, auf den richtigen Weg führen?" Lächelnd blicken wir drei uns an und beginnen unsere gemeinsame Reise ... eine Reise, die uns noch vieles erleben lässt ...eine Reise, auf der wir noch viele Menschen berühren dürfen.

Wie dankbar ich für meine Lebensreise bin.

LANGE REISE

Entspannungsmusik oder sphärische Musik nach eigener Wahl

8) Eine Reise über den Regenbogen

Der Regenbogen hat die Qualität alle Farben deiner Energiezentren – oder auch Chakren genannt – zu beinhalten. Daher ist es dir nun möglich, all diese sieben Chakren auf deiner Reise über einen mächtigen Regenbogen, der dich zuletzt in eine Welt deiner Fantasie und letztendlich in ein mögliches neues Leben, führt, zu klären und zu reinigen. Mach dich auf und genieße!

Lege dich entspannt hin und decke dich eventuell mit einer warmen Decke zu, um zu verhindern, dass dein Körper abkühlt und sich damit wieder dein Verstand in den Vordergrund drängt.

Schließe deine Augen und atme tief ein und aus, ganz tief ein und aus, atme fünf bis sechs Atemzüge in deinem Tempo tief ein und aus.

Pause ca. 45 sec.

Während du so tief ein- und ausatmest, entspannt sich dein Körper mehr und mehr. Stell dir vor, wie mit jedem Ausatmen Spannung und Belastung aus deinem Körper strömen und mit jedem Einatmen Ruhe und Gelassenheit dein gesamtes Wesen erfüllen.

Während du ganz tief weiter atmest, hörst du bloß den Klang meiner Stimme und der sanften Musik im Hintergrund. Alle anderen Geräusche, die du sonst noch wahrnimmst, sind vollkommen bedeutungslos – jedes Geräusch, das du von außen vernimmst, lässt dich noch ein Stück tiefer in deine Ruhe und vollkommene Entspannung sinken.

Deine Gedanken lässt du vorbeiziehen, so wie die Wolken am Himmel an dir vorbeiziehen, wenn du auf einer schönen Wiese liegst und in den Himmel blickst.

Du atmest immer tiefer und ganz unvermutet nimmst du mit deinem inneren Auge einen strahlend kraftvollen Regenbogen wahr, der sich in einem großen Bogen über das Himmelszelt erstreckt und dessen Kraft und Farben du schon jetzt beginnst in dich einzuatmen.

Immer schwerer werden deine Arme, deine Beine, dein Oberkörper und dein gesamter Körper, der tiefer und tiefer entspannen kann und dich in die Unterlage hineinsinken lässt.

Deine Augen sind so schwer, dass du sie in keinem Fall öffnen möchtest und deine gesamte Gesichtsmuskulatur entspannt sich tief und vollkommen – genieße diese Zeit der Ruhe und Stille, diese Zeit, die nur deine ist.

Der Regenbogen wird immer größer und farbenfroher vor deinem inneren Auge und ich werde nun ganz langsam von 5 bis 1 zählen. Wenn ich bei 1 angelangt bin, befindest du dich

An einem Ende dieses wunderschönen Regenbogens

5 – mit jedem Atemzug entspannst du dich noch ein Stück tiefer in diesen angenehmen Zustand der Ruhe und Gelassenheit

4 – immer mehr entfernt sich dein Geist von deinem Körper, während du tiefe Ruhe erlebst

3 – du atmest ein und aus und genießt die Stille in dir und um dich

2 – dein Körper bleibt ganz geschützt auf deiner Unterlage zurück, während dein Geist nun frei ist, überall hin zu schweben

1 – nun befindest du dich

An einem Ende dieses wunderschönen Regenbogens, von dem nun deine heilsame Reise beginnt.

Blicke um dich und nimm alles wahr, was du in deiner Umgebung erkennen kannst: Wie sieht dieser Platz aus, von dem du deine Reise beginnen möchtest? Was willst du an diesem Platz alles zurücklassen, um dann frei zu sein, das Neue für dich zu erschaffen?

Nimm alles wahr, was du hier sehen kannst und überlege dir gut, was du hier noch vor deinem Reiseantritt in einem transformierendem Feuer verbrennen möchtest.

Nun lausche den Geräuschen um dich, den Stimmen verschiedener Tierarten, dem Klang eines möglicherweise nahegelegenen Wassers, dem Surren der

Insekten – all dem, was DU hier hörst. Aber lausche auch all jenen Worten oder Aussagen in deinem Inneren, die dich blockieren und von deinem wahren Weg abhalten und die du hier zurücklässt, weil sie für deinen neuen Weg nicht dienlich sind.

Schärfe nun auch deinen Geruchssinn. Wie riecht diese Umgebung? Gibt es Gerüche hier, die dir unangenehm sind und die du auch zurücklassen willst?

Und jetzt mach dich bereit, ein Feuer zu entfachen, in dem du alles verbrennst, das dir auf deinem weiteren Weg nicht mehr förderlich ist.

Stell dich an einen guten Platz und überlege ganz genau, was du jetzt hier lässt und auch von welchen Personen du dich hier verabschieden magst – von Menschen, die von nun an endgültig zu einem Teil deiner Vergangenheit werden und den Platz frei machen für neue Begegnungen.

Nimm dir ein wenig Zeit und überlege genau.

Pause ca. 30 sec.

Nun entfache dein Feuer und sammle alles, was in diesen Flammen verwandelt werden soll, in einem großen Paket zusammen. Sei dir bewusst, dass dieses Feuer kein Feuer der Zerstörung, sondern ein Feuer der Verwandlung ist – es verbrennt nicht, es transformiert und lässt Neues entstehen.

Nimm dieses Paket und übergib es den Flammen mit folgenden Worten:

„Dankbar für meine gemachten Erfahrungen, für alles, was bisher meinem Leben gedient hat, übergebe ich nun all das den Flammen, um leicht und frei meinen Weg zu neuen Ufern anzutreten. Ich bitte um Reinigung, Heilung und Transformation."

Nun bitte all jene Menschen vor dir an deinem Platz aufzutauchen, von denen du dich nun – wenn möglich in deinem Inneren versöhnt – verabschieden möchtest. Ich gebe dir die Zeit, dich in Ruhe zu verabschieden und möglicherweise noch Unausgesprochenes zu sagen.

Pause ca. 1 min.

Nun, da du viel alten Ballast abgeworfen hast, sei bereit, dich selbst in das transformierende Feuer zu begeben, um, von den Flammen gereinigt, wieder wie ein Phönix aus der Asche daraus aufzusteigen.

Steige in die Flammen und lass dich verbrennen, bis du nur mehr ein Häufchen weißer Asche bist.

Pause ca. 20 – 30 sec.

Steig aus den Flammen heraus und sieh, wie deine neue Gestalt, die sich als Phönix aus der Asche erhebt, aussieht.

Sprich mir folgende Worte nach: „Ich bin frei, vollkommen frei – und heute erneuere ich mein Leben in dem Ausmaß, wie ich in diesem Moment die Welt erlebe und mein Leben zu erneuern bereit bin. Ich mache mich auf, um Bewusstsein, Heilung und Freiheit zu erfahren und ein Teil eines neuen Bewusstseins der Menschheit hier auf unserem Planeten zu sein. Ich bitte um die Gnade der Erlösung von alten Verstrickungen und um Unterstützung auf allen Ebenen."

Sei nun bereit über diesen kraftvollen Regenbogen, der nun all deine Energiezentren – deine Chakren – mit neuer Energie belebt, eine Reise in ein dir unbekanntes Reich anzutreten.

Vertraue vollkommen und gib dich dem hin, was dich nun erwartet – du wirst immer weiter getragen werden, bis du an deinem Ziel anlangst.

Ein Stück des Weges gehst du noch selbst und genießt es, von all diesen strahlenden heilenden Farben umgeben zu sein. Erfreue dich an der Vielfalt und fühle, wie sich diese Farben auf deinen Fußsohlen anfühlen. Springe ein wenig von Farbe zu Farbe und achte darauf, was die unterschiedlichen Farbqualitäten in dir bewirken.

Pause ca. 15 sec.

So ganz unvorbereitet hast du nun das Gefühl, in die Höhe zu schweben und wieder nach unten zu sinken – mitten in ein kraftvolles, strahlendes ROT.

Lass dich ganz hineinfallen in diese feurige stärkende Farbe und genieße es, wie du von diesem leuchtenden Rot in deinem ersten Chakra, dem Wurzelchakra, am Ende deiner Wirbelsäule kraftvoll aufgeladen wirst. Es wird dir helfen, deine Manifestationen in die Welt zu setzen, es hilft dir Materie zu erschaffen, Macht zu bekommen und diese im positiven Sinne zu nützen, das zu erreichen, was du in deinem Leben noch bewirken möchtest und es verbindet dich ganz stark mit der Kraft von unserer Mutter Erde. Es gibt dir die ursprüngliche Lebenskraft, dein Urvertrauen, und ermöglicht dir eine gute Beziehung zur materiellen Ebene des Lebens sowie Stabilität und Durchsetzungsvermögen.

Fülle deinen Bereich deines Wurzelchakras mit dem stärkenden ROT vollkommen auf und atme die Energie tief in dein Innerstes.

Pause ca. 15 sec.

Nun konzentriere dich auf dein Sakralchakra – es ist dein Sexualzentrum und verbindet dich mit deiner schöpferischen Energie. Schon wirst du wieder nach oben über den Regenbogen weitergetragen und mitten in einem kräftigen ORANGE niedergelassen. Atme diese kraftvolle und auch reinigende Farbe in dein gesamtes Zentrum unter deinem Nabel und lass die schöpferische Qualität deiner Kreativität in dir strahlen. Verbinde dich mit deiner ursprünglichen Lebenslust und göttlichen Schöpferkraft und spüre, welche Emotionen sich in dir zu bewegen beginnen. Lass alle Emotionen zu und bitte um Heilung, wenn es negative Empfindungen sind. Lade dich mit dem kraftvollen ORANGE auf und verbinde dich mit deiner phantasievollen Ebene – sei es noch ein Kind, das du zu empfangen wünschst, ein Projekt oder deinen künstlerischen Ausdruck, der endlich seine Entfaltung finden möchte.

Genieße die sinnliche Ebene deiner Sexualität und Erotik sowie deine Gefühle und erkenne deine innere Verbundenheit mit den befruchtenden und empfangenden Energien aus der Natur. Lass los, was du derzeit gehen lassen kannst, und genieße es, mit dem Leben zu fließen.

Pause ca. 15 sec.

Nun verbinde dich mit deinem Sonnengeflecht, dem Solarplexuschakra, und lass dich weitertragen in den Regenbogen – du bist schon bald ganz oben angelangt auf seinem höchsten Punkt und spürst die Kraft des Sonnenlichts, das sein feuriges GELB in dein inneres Zentrum strahlt. Es befindet sich über deinem Nabel und unter deinem Rippenbogen. Hier kannst du dein wahres ICH entfalten – es ist Sitz deiner Persönlichkeit und ermöglicht dir die bewusste Gestaltung des Lebens. Erfahre deine Kraft und Fülle, deinen Einfluss und deine Macht, die dir Ermächtigung gibt, zu handeln. Bitte um Verarbeitung und Transformation deiner Antriebe und Wünsche und um Integration von Gefühlen und Lebenserfahrungen.

Genieße es, das Licht dieser Sonne von deinem Zentrum überall hinstrahlen zu lassen – und fühle, wie die Wärme deinen Körper ausfüllt.

Pause ca.15 sec.

Lass diese Wärme nun in dein Herzzentrum – dein Herzchakra – strömen. Du wirst weitergehoben und befindest dich nun am obersten Punkt dieses mächtigen Regenbogens, während du in ein kraftvolles GRÜN getaucht wirst, das dich und deinen gesamten Brustkorb auffüllt, reinigt, heilt und dein Herz zu transformieren vermag. Hier ist der Sitz der bedingungslosen Liebe. Über dieses Zentrum erfährst du, was Liebe geben heißt. Nimm dich nicht mehr nur als empfangendes Wesen oder als Ich wahr, sondern als Teil einer großen Gemeinschaft. Auch dein Mitgefühl und eine tief gelebte Menschlichkeit gehören zu diesem Bewusstseinsstadium.

Erlebe, wie dein Herz überströmt und bade dich in Liebe, um diese dann nach außen strahlen zu lassen, aus deinem Zentrum der Liebe, Hingabe, Selbstlosigkeit und Heilung, der Empathie und deines Mitempfindens. Verbinde dich auch so ganz mit der Schönheit und Harmonie in Natur und Kunst.

Atme LIEBE ein und verströme LIEBE nach außen.

Pause ca. 15 sec.

Nun fließt du weiter auf diesem Bogen und strömst ins Licht der Farbe BLAU, in welchem Ton sie sich dir zeigt – in einem ganz zarten Aquamarinblau, Türkis oder kraftvollen Tiefblau – fülle dein kreatives Zentrum, dein Kehlkopf Chakra, damit auf und verbinde dich so ganz mit dem, was DU in deinem Selbstausdruck nach außen bringen möchtest. Du bist ein wunderbares schöpferisches Wesen. Es steht für die Wahrheitsfindung und die Kommunikation, den Ausdruck deiner Gedanken und Gefühle sowie deiner Kreativität. Sei bereit für die Wahrnehmung deiner inneren Stimme, Inspiration und den Kontakt mit deinem innewohnenden Geist. Öffne dich der Selbstbestimmung, Unabhängigkeit und Offenheit für feinstoffliche Dimensionen.

Wenn du noch Blockaden in deinem Halsbereich spürst, atme bewusst aus und fülle dein Zentrum beim Einatmen mit diesem kraftvollen BLAU zur Heilung.

Pause ca. 15 sec.

Schon wirst du wieder weitergetragen und so ganz unerwartet eröffnen sich Visionen vor dir – schwebe dahin und öffne dich dem Sehen dieser Visionen deines Lebens.

Dein Stirnchakra, auch „Drittes Auge" genannt, befindet sich zwischen den Augenbrauen. In diesem Bewusstseinsstadium kannst du Weisheit und Erkenntnis erlangen – hier ist sowohl der Sitz des Geistes als auch des Verstandes. Öffne dich der Entwicklung außersinnlicher Wahrnehmung, deiner Intuition und Fähigkeit zur Visualisierung. Sei dir der Manifestation durch deine Gedankenkraft bewusst und nütze diese weise und bedacht. Du wirst soeben in ein tiefes INDIGOBLAU gehüllt – aus deinem Regenbogen strömt dir hohe Bewusstheit entgegen – nimm sie an und öffne dein „Drittes Auge" zwischen deinen Augenbrauen, um gut und weise deinen Weg fortzusetzen.

Pause ca. 15 sec.

Schon bist du am Ende deiner Reise angelangt – du wirst noch einmal weitergetragen und hast jetzt die Möglichkeit, dich einer wunderbaren Vision zu öffnen – dem Platz, der sich dir gleich offenbaren wird, wenn du über das Ende deines Regenbogens hinausgelangt bist.

Verbinde dich nun mit dem Scheitelpunkt deines Kopfes.

Das Kronen Chakra befindet sich knapp oberhalb des Kopfes. Es ist nach oben geöffnet und verbindet dich mit dem universellen Bewusstsein und dem Göttlichen. Es ist das Bewusstseinszentrum der Spiritualität und der Erleuchtung. Du hast die Möglichkeit, in diesem Stadium deine Identität aufzugeben, um den göttlichen Plan zu erfüllen.

Bade dich in einem tiefen VIOLETT deines Regenbogens und lass ebenso das REINE WEISSE und GOLDENE Licht zu dir strömen – atme es über dein Kronenchakra ein – verbinde dich nochmals mit allen Zentren und sei bereit, deinen Lebensplan zu erfüllen. Öffne dich der Verschmelzung mit dem universellen Sein, um höchste Vollendung und Einheitsbewusstsein zu erlangen.

Pause ca. 15 sec.

Verbinde dich über deinen Atem nochmals mit Mutter Erde von deinem Wurzelchakra bis hinauf mit dem Universum über dein Kronen Chakra.

Nun gehe ein paar Schritte über den Regenbogen hinaus und schaue um dich – sieh, was sich dir hier eröffnet – nimm deine Umgebung mit allen Sinnen wahr und genieße dein Sein im HIER und JETZT. Möglicherweise offenbart sich dir hier eine vollkommen neue Welt …

Pause ca. 2 min.

Eventuell Musikwechsel, um neue Welten zu erleben

Nun verabschiede dich auch von dieser, dir neuen Welt und mach dich bereit, wieder zurückzukehren in deine Alltagsrealität, um von nun an bewusster und achtsamer in jedem Moment zu sein. Erinnere dich an deine Intuition und folge dieser – sie ist dein Geschenk an dich selbst.

Ich werde jetzt von 1 bis 5 zählen und bei 5 wirst du wieder vollkommen klar und gestärkt zurück sein, bereichert um all das, was du soeben erleben durftest.

Musik weg oder Wechsel in etwas kraftvollere Klänge

Stimme wird lauter und direkter:

1 – du hörst intensiv die Klänge der Musik – dabei werden deine Arme und Beine wieder frei und locker

2 – ein Lächeln erscheint auf deinem Gesicht

3 – du nimmst tiefe Atemzüge und spürst deinen Körper, durch den die Musik strömt und dich gut aufweckt

4 – strecke und rekle dich, dehne dich und gähne

5 – du kehrst nun gestärkt und kraftvoll hierher zurück – öffne deine Augen, blicke um dich und nimm noch ein paar Atemzüge, um ganz in deinem Tempo zu erwachen.

Herzlich willkommen zurück in deiner Welt!

KURZE REISE

Musik wenn vorhanden mit sphärischen Klängen

9) Zu meinem Heimatplaneten

Vielleicht hast du auch so manches Mal ein Gefühl hier auf unserer Erde fremd zu sein, nicht wirklich zu wissen, was deine wahre Aufgabe ist und dich verloren in all dem Trubel deines Alltags zu fühlen. Für kurze Zeit ist es dir nun möglich, auf deinen Heimatplaneten zu reisen und von dort wichtige Informationen hierher mitzunehmen. Möglicherweise ist ohnedies die ERDE dieser Heimatplanet für dich. Dann hast du die Gelegenheit, ihr Dankbarkeit zu erweisen und dich an einen Platz zu begeben, auf dem du deine Ressourcen stärken kannst. Öffne dich einem neuen Abenteuer.

Lege dich entspannt hin und decke dich eventuell mit einer warmen Decke zu, um zu verhindern, dass dein Körper abkühlt und sich damit wieder dein Verstand in den Vordergrund drängt.

Deine Augen werden schwer. Deine Augen sind ganz schwer, so schwer, dass sie gleich zufallen. Ganz von selbst fallen deine Augen nun zu. Deine Augen sind jetzt fest geschlossen und bleiben es während der gesamten

Zeit deiner Reise. Deine Augen können sich nun vollkommen entspannen.

Nun atme tief ein und aus, ganz tief ein und aus, atme fünf bis sechs Atemzüge in deinem Tempo tief ein und aus.

Pause ca. 45 sec.

Mit jedem Atemzug entspannt sich dein Körper mehr und mehr. Stell dir vor, wie mit jedem Ausatmen Spannung und Belastung aus deinem Körper strömen und mit jedem Einatmen Ruhe und Gelassenheit dein gesamtes Wesen erfüllen.

Während du ganz tief weiter atmest, hörst du bloß den Klang meiner Stimme und der sanften Musik im Hintergrund. Alle anderen Geräusche, die du sonst noch wahrnimmst, sind vollkommen bedeutungslos – jedes Geräusch, das du von außen vernimmst, lässt dich noch ein Stück tiefer in deine Ruhe und vollkommene Entspannung sinken.

Dir wird bewusst, dass hinter all den Geräuschen tiefe Stille herrscht, jene Stille, die du immer und jederzeit im größten Trubel erleben kannst, jene Stille, die allem innewohnt. Verbinde dich ganz intensiv mit dieser Stille in dir und werde selbst ganz still.

Nichts anderes ist nun erlebbar als tiefe innere und äußere Stille.

Du fühlst dich wohl und vollkommen geborgen.

Ganz ruhig und gleichmäßig geht jetzt deine Atmung. Mit jedem Atemzug lässt du dich immer tiefer und tiefer sinken.

Deine Gedanken lässt du vorbeiziehen, so wie die Wolken am Himmel an dir vorbeiziehen, wenn du auf einer schönen Wiese liegst und in den Himmel blickst.

Ich werde nun ganz langsam von 5 bis 1 zählen und wenn ich bei 1 angelangt bin, befindest du dich

An einem besonderen Platz auf deinem Heimatplaneten.

5 – mit jedem Atemzug entspannst du dich noch ein Stück tiefer in diesen angenehmen Zustand der Ruhe und Gelassenheit

4 – immer mehr entfernt sich dein Geist von deinem Körper, während du tiefe Ruhe erlebst

3 – du atmest ein und aus und genießt die Stille in dir und um dich

2 – dein Körper bleibt ganz geschützt auf deiner Unterlage zurück, während dein Geist nun frei ist, überall hin zu schweben

1 – nun befindest du dich

Auf jenem Planeten, der dir ein Gefühl von Heimat vermittelt – ein Gefühl innerer und äußerer Heimat.

Wo bist du gelandet? Blicke um dich. Welche Landschaft kannst du erkennen – ist es eine dir vertraute Welt oder eine vollkommen fremde und unbekannte Umgebung, in der du gelandet bist? Blicke an dir hinunter – wie siehst du aus, wie bist du gekleidet? Kannst du auf festem Boden stehen oder schwebt dein Körper über der Oberfläche? Fühlst du dich wohl, wo du gerade bist? Verbinde dich so ganz mit deinen Gefühlen, die jetzt auftauchen und nimm wahr, wo sie sich in deinem Körper am stärksten bemerkbar machen.

Wie riecht es hier um dich und welche Geräusche vernimmst du hier? Versuche dich so ganz auf den Klang dieses Planeten einzustimmen – werde ganz ruhig und lausche seinem Klang!

Bitte Musik kurz unterbrechen und

Pause ca. 15 sec.

Konntest du den einzigartigen Planetenklang wahrnehmen – einen Ton, eine Melodie, eine Harmonie? Atme den Klang in deinen Körper ein und nimm seine Vibrationen ganz tief in all deine Zellen auf. Lausche auch dem Klang deines Namens, den du hier auf diesem Planeten hast...Es ist dein Seelenname, den du hier erfahren kannst, wenn du es möchtest. Verbinde dich mit dem Namen deiner Seele, um dich immer an ihn zu erinnern.

Verbinde dich mit deinem Zuhause und bedanke dich hier sein zu dürfen, getragen, genährt und willkommen zu sein.

Musik wieder leise einspielen – sphärische Klänge, wenn vorhanden

Bewege dich auf deinem Planeten dorthin, wo du es jetzt möchtest. Du bist frei und jederzeit fähig, durch die Kraft deiner Gedanken überall zu landen, wo es dir beliebt. Nutze die Kraft deines Geistes und begib dich an einen anderen Ort.

Blicke auch hier wieder um dich und verweile dort, wo du dich am wohlsten fühlst.

Spüre ganz tief in dein Inneres und fühle, wie es ist sich anfühlt, sich vollkommen und ganz zu Hause zu wissen, es umfassend zu genießen und dadurch auch offen zu sein für all das, was sich noch zeigen möchte. Öffne dein Herz und achte darauf, was im nächsten Moment geschehen will.

Gib dich so ganz dem Vertrauen hin, dass dir hier nur Gutes widerfahren wird und du später gestärkt und um einige Antworten reicher wieder zurückkehren darfst.

Rufe nun deine Seelenbegleiter – es spielt keine Rolle, ob du im Moment auf der Erde bist oder dich an einem ganz anderen Planeten dieses Universums befindest.

Rufe all jene, die ohnedies – wenn auch unsichtbar – immer bei dir sind und dir zur Seite stehen. Rufe sie drei Mal und lass dich überraschen, wer hier auftauchen wird. Sei ganz frei und spüre die Liebe, die sich hier in hoher Schwingung spürbar macht.

Pause ca. 10 sec.

Plötzlich sind deine Seelenbegleiter vor dir sichtbar. Es ist unwesentlich, wie viele es sind – genieße, einfach nur zu wissen, dass sie immer mit dir sind. Blicke sie an und verbinde dich voll und ganz mit deinem ganzen Wesen – nimm ihre Kraft, ihre Energie, ihre Liebe in dir auf und kommuniziere mit ihnen. Bitte sie um Unterstützung beim Heilungsprozess deines Körpers, deines Herzens, deiner Psyche oder stelle ihnen Fragen, die dir am Herzen liegen. Vertraue all dem, was sie dir geben oder antworten.

Ich lasse dich nun mit deinen Seelenvertrauten alleine und komme wieder, um dich zurückzubegleiten. Lass dich voll und ganz auf diesen Prozess ein.

Pause ca. 1 min.

Es ist Zeit, zurückzukehren von deiner Reise – nimm all deine wichtigen Erfahrungen mit, damit du sie gut in dein Leben integrieren kannst, verabschiede dich von dem Platz sowie von deinen Begleitern, mit dem Wissen, dass sie immer bei dir sind und manche von ihnen dir möglicherweise noch in menschlicher Form begegnen werden.

Ich werde dich jetzt gleich wieder wecken und bis 5 zählen.

Bei 5 bist du wieder hellwach, frisch und munter. Jede Müdigkeit und Schwere ist dann aus deinem Körper verschwunden und dir wird die Möglichkeit gegeben sein, diese tiefe, allem innewohnende Stille mit in deinen Alltag zu nehmen und dich in Momenten, in denen dir all der Lärm um dich zu viel wird, an sie zu erinnern, sowie auch an den Klang deines Heimatplaneten und den deines Seelennamens.

1 – du beginnst langsam zu erwachen

2 – jede Schwere und Müdigkeit schwindet – du wirst immer munterer und erfrischter

3 – dein ganzer Körper ist wieder leicht und frei

4 – dein Kopf ist frei und klar. Jede Müdigkeit und Schwere ist jetzt aus deinem Körper verschwunden – du fühlst dich energieladen und kraftvoll

5 – du bist jetzt wieder hellwach, frisch und munter. Du fühlst dich wohl, entspannt und ausgeruht.

Herzlich willkommen zurück in deiner Welt!

KURZE REISE

Angenehme Entspannungsmusik oder Klangschalen

10) Das Haus meines Herzens

Bei dieser kurzen Reise hast du die Möglichkeit, dir ein Haus zu erschaffen, das im Außen die Widerspiegelung deines Herzens darstellen soll. Es ist ganz dir überlassen, wo du dieses Haus auf diesem Planeten errichten möchtest und wer mit dir in diesem Haus wohnen darf. Auch all deine Gäste, die dorthin geladen werden und darin verweilen dürfen, sind nur deiner Entscheidung überlassen. Genieße jeden Moment und lass dich überraschen, wie dieses Haus aussehen soll.

Lege dich entspannt hin und decke dich eventuell mit einer warmen Decke zu, um zu verhindern, dass dein Körper abkühlt und sich damit wieder dein Verstand in den Vordergrund drängt.

Deine Augen werden schwer. Deine Augen sind ganz schwer, so schwer, dass sie gleich zufallen. Schließe deine Augen und atme tief ein und aus. Deine Augen sind jetzt fest geschlossen und bleiben es während der gesamten Zeit deiner Reise. Deine Augen können sich nun vollkommen entspannen.

Atme weiter tief ein und aus, ganz tief ein und aus, atme fünf bis sechs Atemzüge in deinem Tempo tief ein und aus.

Pause ca. 45 sec.

Begib dich in deinem inneren Bild in einen mit Kerzen erleuchteten Raum und blicke in das warme flackernde Licht dieser vielen Kerzen um dich. Während du auf diese Weise tief ein- und ausatmest, entspannt sich dein Körper mehr und mehr. Stell dir vor, wie mit jedem Ausatmen Spannung und Belastung aus deinem Körper strömen und mit jedem Einatmen Ruhe und Gelassenheit dein gesamtes Wesen erfüllen.

Lass nun das Licht in deinen Körper strömen, all deine Zellen, deine Organe, Knochen und Blutgefäße mit diesem warmen orangefarbenen Licht erfüllen und stell dir vor, dass dieses Licht überallhin strömt und alle Verspannungen in dir auflöst.

Deine Arme und Beine werden vom Licht durchflutet. Das Licht erzeugt ein Kribbeln in deinen Händen und Füßen. Es durchströmt deinen Oberkörper bis hinauf zu deinem Kopf, in dem es deine Gedanken zur Ruhe bringt, sämtliche Verspannungen löst und dich ganz bei dir ankommen lässt – warm und erfüllt.

Ich werde nun ganz langsam von 5 bis 1 zählen und wenn ich bei 1 angelangt bin, befindest du dich

Beim Haus deines Herzens

5 – mit jedem Atemzug entspannst du dich noch ein Stück tiefer in diesen angenehmen Zustand der Ruhe und Gelassenheit

4 – immer mehr entfernt sich dein Geist von deinem Körper, während du tiefe Ruhe erlebst

3 – du atmest ein und aus und genießt die Stille in dir und um dich

2 – dein Körper bleibt ganz geschützt auf deiner Unterlage zurück, während dein Geist nun frei ist, überall hin zu schweben

1 – nun befindest du dich

An einem wunderbaren Platz in der Natur, an dem du ein einzigartiges Haus erkennen kannst.

Blicke um dich und betrachte genau, in welcher Umgebung du dich befindest. Während du so um dich blickst, fühle in dein Herz hinein und spüre hin, ob es die Umgebung ist, die wirklich ganz deinem Herzen entspricht. Spürst du Leichtigkeit und Freude, wenn du alles hier um dich wahrnimmst oder lastet ein Druck auf dir, der eine gewisse Schwere erzeugt?

Wenn es dir ein Wohlbefinden erzeugt, hier zu sein, so atme diese Umgebung tief in dich ein und erfreue dich an deinem Dasein – rieche dein Umfeld und lausche allen Geräuschen, die du hier hören kannst.

Wenn es dich belastet, hier zu sein, so stell dich bewusst an einen Platz und beginne tief zu atmen und mit jedem

Atemzug die Schwere aus dir strömen zu lassen und dir ein Bild von der Umgebung zu machen, in der du Leichtigkeit und ein angenehmes Empfinden erleben kannst.

Sobald du erkennst, wie sich deine Umgebung zu verwandeln beginnt, schau genau um dich und beobachte die Veränderung deiner Wahrnehmung – atme den Duft deiner Umgebung ein und lausche all den Geräuschen der Natur um dich.

Pause ca. 15 sec.

Sei nun bereit, vor deinem inneren Auge DEIN HAUS entstehen zu lassen, ein Haus, das so ganz deinem Herzenswunsch entsprechen darf. Schau es dir genau an – blicke von außen auf dein Haus. Welche Form hat dein Haus, wie sind seine Fenster beschaffen, wie ist die Form der Eingangstüre und welche Farben haben die Außenwände deines Hauses? Achte auf jedes Detail …

Nun begib dich zur Eingangstüre und gehe in das Innere deines Hauses.

Du hast jederzeit die Möglichkeit, alles zu verändern und zu gestalten. Gehe ganz langsam durch alle Räume und nimm wahr, welche und wie viele Räume du hier in deinem Haus hast. Ist hier Platz nur für dich alleine, hast du es für dich und deinen Partner oder deine Partnerin gestaltet? Hat dein Haus Zimmer für Kinder, für Gäste? Gibt es einen Arbeitsraum? Sind deine Räume lichtdurchflutet oder eher dunkel? In welchem Raum fühlst du dich am wohlsten?

Nimm dir Zeit, dein Haus zu erforschen und suche dir dann einen Platz in deinem Lieblingsraum, um dich dort niederzulassen und zu entspannen.

Pause ca. 30 – 40 sec.

Du befindest dich vermutlich an einem Platz, an dem du dich richtig wohlfühlst – genieße die Ruhe und Zeit für dich und fühle jetzt in dein Herz, um zu erkennen, welche Personen du nun zu dir in dein Haus einlädst und lass sie alle in dein Haus ein. DU alleine bestimmst, wer welchen Raum betreten darf.

Gehe zu jedem dieser hier anwesenden Menschen und sage mit einem Satz, was dir an ihm oder ihr besonders wichtig in deinem Leben ist. Höre auch hin, was er oder sie dir als Antwort gibt.

Ich lasse dich nun mit den Menschen deines Herzens für kurze Zeit alleine, damit du in Ruhe mit ihnen in Kontakt treten kannst.

Pause ca. 30 – 40 sec.

Möglicherweise haben auch ein paar Menschen dein Haus betreten, die du hier nicht willkommen heißen willst. Wenn es so ist, sage ihnen, dass es an der Zeit ist, aus deinem Haus zu gehen. Verabschiede sie klar aber respektvoll und begleite sie zur Türe, um auch sicher zu gehen, dass sie DEIN HAUS auf jeden Fall verlassen haben.

Pause ca. 10 sec.

Dann gehe noch einmal kurz zurück und bitte alle Anwesenden, sich in einem Raum zu versammeln, um zu erkennen, wie viele Menschen in deinem Leben sind, die dir wichtig erscheinen und für die vermutlich auch du ein wichtiger Mensch in ihrem Leben bist.

Blicke noch einmal in jedes Augenpaar und atme ihre Wärme und Liebe tief in dein Herz hinein, um das als Ressource in dein Alltagsleben mit zurückzunehmen und immer spüren zu können, wenn du dich einmal traurig oder einsam fühlst.

Dann bedanke dich bei ihnen und verabschiede sie.

Nun verabschiede auch du dich von deinem Haus und dem Platz, an dem du dich gerade befindest.

Ich werde Dich jetzt gleich wieder wecken.

Kehre zurück in deinen kerzenerleuchteten Raum und blicke dir dieses wunderbar wärmende Licht nochmals an, bevor du es selbst aus deinem Körper strömen lässt und die Kerzen alle auf einmal mit einem intensiven Atemzug ausbläst.

Nun werde ich von 1–5 zählen – bei 5 bist du wieder hellwach, frisch und munter. Jede Müdigkeit und auch Schwere ist dann aus deinem Körper verschwunden.

1 – du beginnst langsam zu erwachen

2 – jede Schwere und Müdigkeit schwindet – du wirst immer munterer und erfrischter

3 – dein ganzer Körper ist wieder leicht und frei.

4 – dein Kopf ist frei und klar. Jede Müdigkeit und Schwere ist jetzt aus deinem Körper verschwunden – du fühlst dich energieladen und kraftvoll.

5 – du bist jetzt wieder hellwach, frisch und munter. Du fühlst dich wohl, entspannt und ausgeruht.

Herzlich willkommen zurück in deiner Welt!

TEIL 4

DUALITÄT UND EINHEIT

Im Moment der Einheit

Einst vor lang vergangenen Zeiten, so wie ihr es in eurer menschlichen Zeitrechnung wahrnehmt, einst im ewigen JETZT, da wandelte ein Wesen über Mutter Erde – **Gaia** genannt im Großen Ganzen. Es war eins in sich selbst – vollkommen *im Moment der Einheit*.

Dieses Wesen war mächtig, es war groß und ging schon auf zwei Beinen – auf langen Beinen mit großen starken Füßen, die es über Berge, durch Wiesen, Täler, Steppen und Wüsten trugen, durch Flüsse und andere Gewässer. Es hatte auch kraftvolle Hände, die alles anpacken konnten, was es brauchte, um zu leben, sich Nahrung zuzuführen, mit ihnen Wasser zu schöpfen, um zu trinken und sich immer wieder Behausungen zu bauen, die es vor winterlicher Kälte schützen sollte. So wandelte es ohne Ziel und in Gelassenheit und Leichtigkeit durch die sich ständig wandelnde Natur mit allen anderen Wesenheiten, von denen es jeweils eines gab, mit all den Pflanzen, Früchten und was sonst schon auf der Erde gedeihen konnte. Dieses Wesen war namenlos und hatte keine Sprache, wohl aber wunderbare Klänge, mit denen es seine Umgebung erfreute, da doch immer wieder viele der anderen sich um es scharten, um mit ihm gemeinsam Klänge zu erzeugen, die weit hinaus ins Universum zu vernehmen waren.

Wenn du dieses Wesen gesehen hättest, wärst du von ihm berührt gewesen in seiner Unschuld und kindlichen Freude, doch hättest du nicht gewusst, ob es männlich oder weiblich war, da es zwar einen mächtigen menschenähnlichen Körper hatte, der voller männlicher Kraft zu strotzen schien, doch sich in weiblicher Weichheit und Anmut bewegte. Es hatte ein Geschlecht, das beides beinhaltete und einen Ansatz kleiner weiblich erscheinender Brüste. Sein Körperbau war athletisch, doch weiblich weich zugleich.

Es fühlte sich vollkommen im Einklang mit allem um sich herum.

Doch eines Nachts im tiefen Schlafe schien dieses Wesen von einem Traum erfasst zu werden, der seinen gesamten Körper erbeben ließ. All die Elemente um es herum begannen sich zu erheben – es war in einer Nacht, als der Blutmond vom Himmel schien in seinem Purpurrot. Es begann die Erde zu erbeben, umliegende Berge zerbarsten in viele Teile, ein mächtiger Regen ergoss sich über den Platz, an dem es lag, und ein Sturm ließ vieles in der Natur sich aufbäumen, bevor schon kurz darauf ein strahlendes Licht sich über den Horizont bewegte und die Umgebung mit plötzlich eintretender Stille und tiefen Frieden umhüllte.

Am Morgen erwacht das Wesen in einer in allen Farben erblühenden Natur, die von der ersten Morgensonne in sein sanftes Rot getaucht wird.

Langsam beginnt es seine Augen zu öffnen, um sich an das Licht zu gewöhnen, während es vorsichtig mit seinen

Händen, die sich so fremd anfühlen, an seinem Körper entlang streicht. Was es spürt, ist ungewöhnlich. Es hat zwei weiche wogende Brüste, einen leicht gewölbten Bauch und Beine, die sich so anders anfühlen als noch am Tag zuvor. Zwischen den Beinen scheint sich etwas zu befinden, das sich wie eine Blüte in den Fingerkuppen, mit denen es sanft darüber tastet, anmuten lässt. Auch das Gesicht, über das es nun vorsichtig seine Hände führt, fühlt sich so anders an als bisher. Es ist weich und zart in seiner Struktur und vom Kopf scheinen lange glatte Haare zu fließen. Das Wesen weiß nicht, was mit ihm geschehen ist. Schnell schließt es seine Augen, da es glaubt, sich immer noch im Traume zu befinden.

Erneut beginnt es über seinen Körper zu tasten. Diesmal jedoch scheinen die Hände viel größer und von kräftiger Natur zu sein. Brüste ertasten sie keine, ganz im Gegenteil. Der Brustkorb ist nun vollkommen abgeflacht und die Rippen sind darunter zu spüren. Bloß kleine Brustwarzen sind wahrnehmbar. Der Bauch ist kräftig und muskulös und die Beine wirken von mächtiger grober Struktur geformt zu sein. Vorsichtig lässt es die Hände an der Innenseite der Schenkel nach oben gleiten – und was es da unvermutet spürt, fühlt sich viel größer an als das, was noch am Abend zuvor sich dort befunden hat. Beinahe wie eine kleine Keule, die es zwischen seinen Handflächen fühlen kann. Schnell nimmt es seine Hände, um sie nun erneut auf sein Gesicht zu legen. Was es hier bemerkt, ist ebenso ungewöhnlich wie alles andere. Es fühlt Haare um seinen Mund und eine ganz neue Kopfform. Auch am Schädel befindet sich nun kräftiges gelocktes Haar.

Das Wesen vernimmt unvermutet einen inneren Klang, der einmal ganz tief und kraftvoll ertönt und dann wieder ganz zart und in hoher Frequenz zum Erklingen kommt.

Vorsichtig wagt es nun seine Augen zu öffnen und erstarrt in dem Moment, in dem es ein Augenpaar ganz nahe erkennt, das es anzublicken scheint. Es sind Augen, die die Farbe des Wassers widerspiegeln. Nein, doch nicht! Sie scheinen die Farbe der Erde wiederzugeben. Andauernd wechselt alles. Sein Atem wird heftig und ruhelos im Erfassen dessen, was doch nicht im Traum geschehen war. Es blickt sich an und wird immer ruhiger, der Atem beginnt tief und gleichmäßig zu werden und es erkennt sich im Gegenüber wieder und kennt sich doch nicht.

Aus diesem Wesen sind nun zwei geworden.

Ein Mann und eine Frau blicken einander an, ohne zu wissen, wer sie sind in dieser neuen Form und Unterschiedlichkeit. Langsam lösen sie ihre Arme voneinander, um sich besser betrachten zu können und sich neu zu erfassen. Gemeinsam lächeln sie, gemeinsam lassen sie ihren Klang ertönen und vorsichtig beginnen sie einander zu berühren. In diesem ungewöhnlichen Moment strömen von allen Seiten die unterschiedlichsten Wesen auf sie zu – von jeder Gattung sind es plötzlich zwei geworden.

Alle gemeinsam beginnen nun ihre Stimmen zu erheben. Wie vielfältig und unterschiedlich die Klänge zu einem wunderschönen Gesang werden, den alle im Universum vernehmen können, sodass sich die Planeten und Sterne zu einem gemeinsamen Tanz harmonischer Klänge verbinden und eine neue Ordnung im Ganzen entsteht.

Aus dem All strömen ihnen unmittelbar neue Klänge zu – dem Manne wird der Name *Leon* gegeben und der Frau der Name *Lilith*, um sich nun auch in ihrer neuen Form benennen zu können.

Von nun an wandeln sie gemeinsam auf **Gaia** weiter und fühlen sich vollkommen neu. Im Außen ihrer Hülle, doch auch im Innersten ihres körperlichen Seins. Sie spüren etwas, das sich wie Getrennt-Sein anfühlt und können es doch noch nicht erfassen. Sie erleben Gefühle und Emotionen und wissen doch nicht, was sie da erleben. Hand in Hand gehen und laufen sie über die Wiesen, durch die Wälder, durch Steppen und Wüsten, durch Flüsse und andere Gewässer und erschaffen sich gemeinsam eine Hütte, um sich vor der Kälte des Winters zu schützen. Sie lernen, sich neu zu erfahren.

Und in der Abenddämmerung, in der die wunderbare Natur um sie herum in purpurnes Licht getaucht wird, legen sie sich Körper an Körper in das weiche Moos, das ihnen für diese Nacht zur Schlafstatt werden soll. Lange blicken sie einander in die Augen, die unvermutet von Tränen benetzt werden und in ihrem Brustraum beginnt sich ein Gefühl auszubreiten, das sie so noch nie zuvor erfahren haben. Es fühlt sich so warm, so weit, so unendlich an und scheint den anderen in gleißendes Licht zu hüllen. Magisch zieht es sie noch näher zueinander, ganz sanft und innig können sie diese Anziehung erleben. Noch sind sie ein wenig verunsichert, was da mit ihnen zu geschehen scheint, doch immer mehr fallen sie ineinander – ihre Lippen bewegen sich aufeinander zu, um sich zärtlich in einem Kuss zu erforschen. Leon hebt seinen Körper ganz achtsam über Liliths Körper, die vorsichtig ihre Beine öffnet und ihm ihr weiches weibliches Becken entgegenwölbt. Niemals wenden die beiden ihren Blick von des anderen Augen, während Leon sich unendlich langsam auf Lilith niederlässt, um vorsichtig ihre weit geöffnete Blüte mit seinem für ihn so neuen Teil seines Körpers zu erforschen. In unendlicher Langsamkeit, mit großer Vorsicht und im gemeinsamen Atem verschmolzen versinkt er tief in ihrem Innersten. Innig und voller Liebe sowie in lustvoller Leidenschaft umschlingen sie mit ihren Armen und Beinen ihre Körper, um zu verschmelzen *in diesem Moment der Einheit...*

11) Eine Reise in meine weibliche Sinnlichkeit

Wenn vorhanden sanfte sinnliche Musik oder einfach Entspannungsmusik

Diese Reise eignet sich gut für ein Paar, wenn sie vom Partner oder Partnerin vorgelesen wird, oder auch für ein Miteinander-Sein in Frauengemeinschaften, in denen Frauen oder Freundinnen sich gegenseitig begleiten sowie für Einzel- oder Gruppenarbeit mit Frauen:

Du begibst dich nun auf eine Reise zu deiner Weiblichkeit, die du, wenn du dazu bereit bist, durch neue Erfahrungen und Wahrnehmung deines Körpers und deiner Gefühle in einer möglicherweise sinnlicheren und harmonischeren Weise erleben kannst, als es dir bisher möglich war.

Lege dich entspannt hin und decke dich eventuell mit einer warmen Decke zu, um zu verhindern, dass dein Körper abkühlt und sich damit wieder dein Verstand in den Vordergrund drängt. Wenn du es möchtest, kannst du deine Hände so positionieren, dass deine linke Hand auf deinem Herzzentrum liegt und deine rechte auf deiner Vulva, wo immer es dir angenehm erscheint, deinem Venushügel oder einfach auf deinem Unterbauch unterhalb des Nabels.

Schließe deine Augen und atme tief ein und aus, ganz tief ein und aus, atme fünf bis sechs Atemzüge in deinem Tempo tief ein und aus.

Pause ca. 45 sec.

Während du so tief ein- und ausatmest, entspannt sich dein Körper mehr und mehr. Stell dir vor, wie mit jedem Ausatmen Spannung und Belastung aus deinem Körper strömen und mit jedem Einatmen Ruhe und Gelassenheit dein gesamtes Wesen erfüllen.

Höre nun aufmerksam auf die Musik, die mit ihren Klängen deinen Raum erfüllt und immer mehr und mehr in dir eine entspannende und lösende Wirkung in deiner Muskulatur, deinen Gedanken, deinen Körperorganen und deinem Geist hervorruft.

Lass es zu, dass die Klangwellen deinen gesamten Körper umhüllen und in einen eigenen Klangteppich eintauchen.

Pause ca. 10 sec.

Nun spürst du, wie diese Wellen der Musik in deinen Körper strömen und sich ein befreiendes Gefühl der Entspannung von deinem Bauchraum sternenförmig durch die anderen Körperteile ausbreitet.

Lasse diese Wellen deine Muskeln und Nerven vollkommen entspannen, spüre, wie die Klänge jede Spannung abtransportieren.

Nun breiten sie sich weiter aus und erreichen deine Schultern, deinen Nacken, strömen durch deine Arme und fließen weiter in deine Hände, die alle Spannungen des Alltags loslassen können. Auch deine Finger sind locker und entspannt.

Wieder von deinem Zentrum ausgehend, strömen nun die Klangwellen durch dein Becken und über dein Gesäß nach unten in die Beine, die ebenso alle Spannungen deines Tages loslassen können und ruhig und gelassen in die Unterlage sinken. Der Klang erfasst deine Füße und lässt die Wellen der Musik aus deinen Zehen strömen.

Sanft umhüllt dich wieder der Klangteppich, dem du dich mehr und mehr mit Ruhe und Gelassenheit hingibst.

Jetzt strömt die Musik von oben über deinen Kopf in dein Inneres und lässt dein Gehirn und deine Gesichtsmuskulatur frei und leicht werden, während die Klänge dein Herz berühren und dich weit und sanft für neue Erfahrungen öffnen.

Schon spürst du tiefe Ruhe, Gelassenheit und Entspannung dein gesamtes Sein erfassen und genießt es, die Schwere deines Körpers wahrzunehmen.

Ich werde nun ganz langsam von 5 bis 1 zählen und wenn ich bei 1 angelangt bin, befindest du dich

An einem Platz, der dir Vertrauen gibt und friedvolle Ruhe zu erleben möglich macht.

5 – mit jedem Atemzug entspannst du dich noch ein Stück tiefer in diesen angenehmen Zustand der Ruhe und Gelassenheit

4 – immer mehr entfernt sich dein Geist von deinem Körper, während du tiefe Ruhe erlebst

3 – du atmest ein und aus und genießt die Stille in dir und um dich

2 – dein Körper bleibt ganz geschützt auf deiner Unterlage zurück, während dein Geist nun frei ist, überall hin zu schweben

1 – nun befindest du dich

An einem Platz, an dem du dich wohl und geborgen fühlst.

Sieh dich genau um.

Was nimmst du wahr, wo befindest du dich jetzt?

Schau dich ganz genau um und nimm alles wahr, was du siehst.

Atme auch die Gerüche deiner Umgebung ein ...

Lausche den Klängen, die du an diesem Ort hörst...

Wenn du dich an diesem Ort wohlfühlst, so verweile und lege dich an einen Platz, der dir vollkommen die Sicherheit gibt, alleine und ungestört all deine Empfindungen zuzulassen, die sich in dir zeigen möchten.

Wenn du dich nicht an einem für dich richtigen Ort befindest, lass es JETZT geschehen, dich unmittelbar an einen anderen Ort zu begeben, der für dich der richtige ist!

Pause ca. 15 sec.

Denke daran, dass du eine wunderschöne Frau bist – da spielt es keine Rolle, ob du gerade in deiner jugendlichen Weiblichkeit langsam erblühst oder ob du ein hohes Alter erreicht hast. Sicherlich wird es Stellen an deinem Körper geben, die dir weniger gefallen als andere, möglicherweise hast du auch körperliche Verletzungen davongetragen, Operationen oder angeborene Mängel deines körperlichen Seins. All das darfst du jetzt so anerkennen, dass es zu einem integrierten Bestandteil deines ganzen Wesens gehört.

Beginne nun ganz bewusst in deinen Körper tief hineinzuatmen und spüre, wie er sich anfühlt, wenn du tief ein- und ausatmest und wahrnimmst, wie sich die Hände, die auf ihm liegen mit auf- und abbewegen. Du kannst nun beginnen, deine Hände überall dorthin gleiten zu lassen, wo du dich vollkommen annimmst und wohlfühlst, sei es zu deinem Gesicht, deinen Haaren, deinen Brüsten oder deinem Bauch – jeder Teil deines Körpers wird die sanfte Berührung deiner Hände begrüßen und als angenehm und nährend empfinden. Lasse deine Fingerkuppen ganz zart über dich gleiten, auf deiner nackten Haut oder über dein Gewand. Genieße die sanfte Berührung und spüre in jedem Teil deines Körpers, wie es sich anfühlt, Berührung zu erleben. Nimmst du ein sanftes Prickeln wahr, ein Schauern, das sich durch deinen Körper bewegt, ein Gefühl, das sich in Verbindung mit dieser Berührung erleben lässt? Atme tief und nimm alles wahr, was du im Moment spürst. Lass deine Hände, deine Finger ganz frei und ungezwungen überall dorthin gleiten, wo es dich hinführt. Genieße diesen Moment und spüre, ohne irgendetwas zu interpretieren und zu analysieren.

Pause ca. 30 sec.

Sei nun auch bereit, deine Hände dorthin zu führen, wo du dich nicht wohlfühlst oder du eine Verletzung erlebt hast, wo möglicherweise ein operativer Eingriff in deine weiblichen Organe stattgefunden hat oder du dich nicht schön, möglicherweise sogar entstellt fühlst oder womöglich sogar vollkommene Ablehnung spürst.

Denke daran, dass auch bei operativen Entfernungen einzelner Körperteile der Energiekörper – die Aura – immer noch unversehrt ist, was bedeutet, dass du auch an dieser Stelle noch Empfindungen erleben darfst. Lass es zu, wenn du bereit bist, sie zuzulassen – lass dich ganz ein. So bitte ich dich nun, vorsichtig an jenen Stellen, die Verletzungen erlitten haben oder dort, wo vielleicht ein Körperteil entfernt werden musste – seien es eine oder beide Brüste, die Gebärmutter oder auch andere Körperteile – deine Hände ein wenig über den Körper zu führen, sodass sie sich nur mehr in deinem Energiefeld befinden. Wenn du keine Wunden oder Narben an deinem Körper hast, hebe ebenfalls deine Hände ein wenig über die Hautoberfläche, um dich nun ausschließlich mit der Empfindung in deinem Energiefeld zu verbinden.

Lass deine Hände eine Weile an diesen Stellen knapp über deinem Körper verweilen und atme ganz konzentriert dorthin. Was kannst du erleben? Spürst du auch hier ein leichtes Prickeln, eine Vibration, Wärme oder möglicherweise auch Kälte? Lass jedes Empfinden in deinem Körper sein und auch jedes damit verbundene

Gefühl, ohne es in irgendeiner Weise zu bewerten. Wenn Tränen fließen, darf das sein – unterdrücke keine deiner körperlichen und emotionalen Empfindungen. Spüre tief hinein und atme – lass alles geschehen.

Pause ca. 30 sec.

Lass alles sein und halte nichts zurück – nur dein Gefühl ist jetzt entscheidend. Dennoch sei dir bewusst, dass du Gedanken, die mit diesem Gefühl und Erleben zusammen auftauchen, wie Wolken am Himmel vorbeiströmen lässt ... halte nichts fest. Lass alles weiterziehen und konzentriere dich bloß darauf, dass du jetzt bereit bist, alle Teile deines Körpers in Liebe, Achtsamkeit und Wertschätzung zu integrieren. Achte deinen Körper und bedanke dich bei allen Zellen für dieses perfekte Zusammenspiel, das es dir ermöglicht, mit diesem einzigartigen Körper durch dein Leben zu gehen.

Nun werde ich dich noch auf eine Reise über deinen gesamten Körper führen.

Beginne ganz zart mit deinen Händen über dein Gesicht zu fahren, spüre jede Erhebung, fühle die Struktur deiner Haut, fahre mit deinen Fingerkuppen über deine Augen, deine Nase, deine Ohren und streiche vorsichtig über deine Lippen – halte ein wenig inne und fühle, was dir gut tut. Streiche dann sanft nach oben zu deinen Haaren und fahre achtsam mit deinen Fingern durch sie – deine Haare könne wie Antennen wirken, ganz empfindsam.

Nun streiche mit deinen Händen weiter zu deinem Nacken – erforsche ihn und spüre, wie es sich anfühlt, wenn du über ihn streichst. Wo genießt du es am meisten?

Lass jetzt deine Hände weiter zu deinen Brüsten gleiten und umfasse sie, streichle sie und achte genau auf deine Empfindungen – genießt du eher eine sanfte oder eine festere Berührung? Möglicherweise werden sich deine Brustwarzen verhärten – wie fühlt sich das an? Streiche über sie und fühle, wie dein Körper reagiert. Genieße deine Berührungen.

Pause ca. 15 sec.

Nun streiche mit deinen Händen weiter über deinen Bauch – ziehe Kreise auf ihm und lass dich ganz ein auf deine Streichungen. Dann streiche mit deiner rechten Hand über deine linke Hand nach oben bis zu deiner Schulter und wieder nach unten – wechsle nun und streiche mit der linken über die rechte nach oben und wieder zurück.

Danach fahre vorsichtige mit beiden Händen nach unten über deinen Nabel zu deinem Venushügel und berühre dich, wo immer es dir Freude bereitet und sich gut anfühlt – beobachte dabei immer, wie dein Körper reagiert. Lass dich vollkommen in deine sinnlichen Empfindungen fallen. Befreie dich von Scham und Peinlichkeit – du bist gut geschützt und kannst dich vollkommen frei berühren und in deine Empfindungen fallen lassen.

Pause ca. 15 sec.

Nun streiche von vorne nach hinten über deine Pobacken und genieße ihre Form unter deinen Händen wahrzunehmen, gleite über sie und weiter nach unten zu deinen Schenkeln. Zieh deine Beine an, damit du gut über deine Schenkel weiterstreichen kannst zu deinen

Knien und wenn möglich weiter über deine Waden nach unten zu deinen Füßen. Stelle nun einen Fuß ab und nimm den anderen zwischen deine Hände, um ihn zu massieren.

Pause ca. 15 sec.

Widme dich jetzt deinem zweiten Fuß und genieße deine sanften oder festeren Knetungen.

Pause ca. 15 sec.

Dann lege auch diesen Fuß wieder ab und streife mit deinen Händen über deine Schienbeine nach oben, an der Innenseite deiner Schenkel zu deiner Vulva und über deinen Venushügel zu deinem Bauch...

Ich lasse dich jetzt für einige Zeit allein, damit du ganz für dich noch die Gelegenheit hast, zu erforschen, wohin deine Hände gleiten wollen, um dir ein angenehmes sinnliches Gefühl für deinen schönen weiblichen Körper zu ermöglichen.

Gib dich vollkommen deinen Empfindungen hin und genieße das erleben deiner Weiblichkeit.

Pause ca. 1 - 2 min. Musik etwas lauter werden lassen

Nun denke daran, dich langsam von der weichen Landschaft deines weiblichen Körpers zu verabschieden und bedanke dich bei deinem Körper, der dir ermöglicht, dich in deiner weiblichen Kraft zu erleben, Empfindungen wahrzunehmen, deine Sexualität zu genießen und einfach dich selbst zum Ausdruck zu bringen als die Frau, die du nun bist.

Lass dich noch einmal vollkommen mit dem Klang der Musik eins werden.

Pause ca. 15 sec.

Ich werde dich nun zurückbegleiten, indem ich von 1–5 zähle und du bei 5 wieder vollkommen erfrischt und gestärkt in deiner Alltagsrealität angekommen bist.

Musik weg oder Wechsel in etwas kraftvollere Klänge

Stimme wird lauter und direkter:

1 – deine Arme und Beine werden wieder frei und locker, jede Schwere fällt von dir ab

2 – ein Lächeln erscheint auf deinem Gesicht und deine Gesichtsmuskulatur nimmt ihren normalen Muskeltonus an

3 – du nimmst ein paar kraftvolle Atemzüge und spürst deinen Körper ganz bewusst auf deiner Unterlage

4 – strecke und rekle dich, dehne dich und gähne

5 – du kehrst nun gestärkt und kraftvoll hierher zurück – öffne deine Augen, blicke um dich und nimm noch ein paar tiefe Atemzüge, bevor du ganz im Hier und Jetzt auftauchst.

Herzlich willkommen zurück in deiner Welt, in der du nun deine einzigartige Weiblichkeit zum Ausdruck bringen darfst!

12) Eine Reise in meine männliche Kraft

Wenn vorhanden Musik mit sanften Trommelklängen oder einfach Entspannungsmusik

Diese Reise eignet sich gut für ein Paar, wenn sie von der Partnerin oder vom Partner vorgelesen wird, oder auch für Treffen in Männergruppen, in denen Männer oder Freunde einander begleiten, sowie für Einzel- oder Gruppenarbeit mit Männern:

Du begibst dich nun auf eine Reise zu deiner ureigenen Männlichkeit, die du, wenn du dazu bereit bist, durch neue Erfahrungen und Wahrnehmung deines Körpers und deiner Gefühle in einer möglicherweise kraftvolleren und harmonischeren Weise erleben kannst, als es dir bisher möglich war.

Lege dich entspannt hin und decke dich eventuell mit einer warmen Decke zu, um zu verhindern, dass dein Körper abkühlt und sich damit wieder dein Verstand in den Vordergrund drängt. Wenn du es möchtest, kannst du deine Hände so positionieren, dass deine linke Hand auf deinem Herzzentrum liegt und deine rechte unterhalb deines Nabels, auf deinem Hara, dem kraftvollen Zentrum deines Körpers.

Schließe deine Augen und atme tief ein und aus, ganz tief ein und aus, atme fünf bis sechs Atemzüge in Deinem Tempo tief ein und aus.

Pause ca. 45 sec.

Mit jedem einzelnen Atemzug, den du ein- und ausströmen lässt, entspannt sich dein Körper mehr und mehr. Stell dir vor, wie mit jedem Ausatmen Spannung und Belastung aus deinem Körper strömen und mit jedem Einatmen Ruhe und Gelassenheit dein gesamtes Wesen erfüllen.

Während du nun tief weiter atmest, hörst du bloß den Klang meiner Stimme und der sanften Musik im Hintergrund. Alle Geräusche, die du sonst noch wahrnimmst, sind vollkommen bedeutungslos – jedes Geräusch, das du von außen vernimmst, hilft dir, dich noch ein Stück tiefer in deine Ruhe und vollkommene Entspannung sinken zu lassen.

Deine Gedanken lässt du vorbeiziehen, so wie die Wolken am Himmel an dir vorbeiziehen, wenn du auf einer schönen Wiese liegst und in den Himmel blickst.

Deine Arme werden nun ganz schwer, immer schwerer und schwerer – mit jedem Atemzug sinkst du noch tiefer in eine vollkommene Schwere und Stille.

Auch deine Beine werden immer schwerer und sinken tiefer und schwerer auf deine Unterlage.

Deine Gesichtsmuskulatur wird vollkommen entspannt, deine Augäpfel fallen nach hinten unten – ganz schwer werden sie – du lässt deine Augen geschlossen, immer schwerer erscheinen auch deine Augenlider. Dein Kiefer entspannt sich vollkommen – du kannst deine Kiefermuskulatur noch bewegen und lässt sie dann tief entspannen, sodass dein Unterkiefer sich vom Oberkiefer löst, während du regelmäßig weiter atmest.

Tief atmest du ein und aus und spürst, wie sich dein Körper mehr und mehr auf deine Unterlage sinken lässt – und immer schwerer wird.

Nun nimmst du wahr, wie dein Bewusstsein in deine Mitte sinkt, wo auch immer sich deine Mitte befindet – spüre, wie es dorthin sinkt, so wie du ein Steinchen versinken siehst, wenn du es ins Wasser geworfen hast und die Kreise auf der Wasseroberfläche immer weiter werden, während das Steinchen immer tiefer und tiefer zum Grund des Gewässers absinkt, bis es dort unten vollkommen zur Ruhe kommt.

Pause ca. 10 sec.

Schon spürst du eine Ruhe, Gelassenheit und Entspannung dein gesamtes Sein erfassen und genießt es, die Schwere deines Körpers wahrzunehmen.

Ich werde nun ganz langsam von 5 bis 1 zählen und wenn ich bei 1 angelangt bin, befindest du dich

An einem Platz, der dir Vertrauen gibt und friedvolle Ruhe zu erleben möglich macht

5 – mit jedem Atemzug entspannst du dich noch ein Stück tiefer in diesen angenehmen Zustand der Ruhe und Gelassenheit

4 – immer mehr entfernt sich dein Geist von deinem Körper, während du tiefe Ruhe erlebst

3 – du atmest ein und aus und genießt die Stille in dir und um dich

2 – dein Körper bleibt ganz geschützt auf deiner Unterlage zurück, während dein Geist nun frei ist, überall hin zu schweben

1 – nun befindest du dich

An einem Platz, an dem du dich wohl und geborgen fühlst.

Sieh dich genau um.

Was nimmst du wahr, wo befindest du dich jetzt?

Schau dich ganz genau um und nimm alles wahr, was du siehst.

Atme auch die Gerüche deiner Umgebung ein...

Lausche den Klängen, die du an diesem Ort hörst...

Wenn du dich an diesem Ort wohlfühlst, so verweile und lege dich an einen Platz, der dir vollkommen die Sicherheit gibt, alleine und ungestört all deine Empfindungen zuzulassen, die sich in dir zeigen möchten.

Wenn du dich nicht an einem für dich richtigen Ort befindest, lass es JETZT geschehen, dich unmittelbar an einen anderen Ort zu begeben, der für dich der richtige ist!

Pause ca. 15 sec.

Stell dir nun in deinem Inneren die Fragen: „Was bedeutet für mich Männlichkeit? Was macht mich als Mann aus?"

Hast du oftmals das Gefühl, in unserer heutigen Welt als Mann nicht zu genügen, den Frauen nicht als männlich genug zu erscheinen oder dich einfach überfordert und geschwächt zu fühlen?

Ich gebe dir nun ein wenig Zeit, dir in deinem Inneren diese Fragen zu beantworten.

Pause ca. 1 min.

Fühle hin, wie du selbst dich in deiner Männlichkeit, in deinem Auftreten als Mann und auch in deinem Lebensalltag fühlst. Stell dir die Frage, was du selbst meinst, als Mann darstellen zu müssen oder zu wollen. Vielleich bist du selbst derjenige, der viel zu hohe Anforderungen an sich selbst stellt, in der Meinung, Rollen darstellen oder Vorstellungen erfüllen zu müssen.

Atme jetzt einfach ganz entspannt und verweile nur in diesem Moment, in dem du einfach so sein kannst, wie DU BIST. Nichts musst du jetzt beweisen, nichts darstellen…einfach nur SEIN und atmen.

Sei dir bewusst, dass du genau als der Mann, der du bist, genau mit diesem Körper, dieser Konstitution und dieser Kraft, die dir gegeben ist, ein wertvoller Beitrag auf unserem Planeten, in deinem Leben und für alle, die du berühren und erreichen kannst, bist.

Wenn du in irgendeiner Weise das Gefühl hast, in deiner männlichen Kraft nicht zu genügen, erkenne vielmehr, dass es für die Frau, der du genügen möchtest, möglicherweise wesentlich mehr um dein Einfühlungsvermögen in ihre weiblichen Bedürfnisse – vor allem auch in der Sexualität – geht, als bloß körperliche Leistung erbringen zu müssen.

Wenn du das Gefühl hast, beruflich nicht erfolgreich genug zu sein, überlege dir, dass es vielleicht in erster Linie an einer inneren Blockade liegt, die dich hemmt, in voller Kraft das Deine zu leben, als an äußeren Umständen. Vielleicht liegt es aber auch daran, dass du nicht das tust, was dich wirklich erfüllt.

Ich begleite dich jetzt für kurze Momente auf eine Reise über deinen Körper und in deine Gefühlswelt, die damit im Zusammenhang steht.

Du kannst dabei deine Hände mitreisen lassen oder einfach nur deine Gedanken in die jeweilige Körperregion lenken.

Lenke nun deine Aufmerksamkeit zu deinem Schädel. Wie fühlt sich deine Schädelform an, wie sehr hast du das Gefühl, eine männliche Ausstrahlung zu haben? Wie fühlt sich deine Gesichtsform an? Genießt du es, mit deinem starken Bartwuchs auch eine verstärkte Männlichkeit zu verbinden oder ist es dir eher eine Belästigung, dich täglich rasieren zu müssen?

Gehe weiter zu deinem Nacken. Hast du manches Mal das Gefühl, deinen Kopf schwer tragen zu müssen, weil du immer allzu forsch mit dem Kopf durch die Wand gehen möchtest oder bist du eher zu zurückhaltend in deinem Vorwärtsschreiten?

Lenke nun deine Aufmerksamkeit auf deinen Brustkorb und Bauchraum. Fühlst du dich wohl mit deinem Körperbau oder hast du das Gefühl, mehr trainieren zu müssen oder deinen Körper zu stählen, um Frauen zu imponieren? Lege nun deine Hände auf deinen Brustkorb und Bauchraum und atme tief hinein. Spüre nun bloß, wie du dich im Moment fühlst, wie sich dein Körper jetzt für dich anfühlt. Genieße deinen männlichen Körper, so wie er ist.

Pause ca. 15 sec.

Streife nun im Wechsel über deine Arme zu deinen Händen und spüre die Kraft deiner Muskulatur, die Beschaffenheit deiner Hände. Magst du es fest zuzupacken oder bist du mit deinen Händen eher vorsichtig und sanft? Fühle in deine Arme und Hände hinein und atme tief.

Pause ca. 15 sec.

Nun gehe mit deiner Aufmerksamkeit zu deinen Beinen. Wie stehst du mit ihnen im Leben? Hast du kraftvolle, stämmige Beine oder eher die eines Hünen? Wie fühlst du dich als Mann auf deinen Beinen durchs Leben zu gehen? Schreitest du forschen Schrittes voran oder achtsam und aufmerksam? Fühle jetzt die Kraft deiner Beine, nimm deine Füße wahr und genieße es, im Moment so gar nichts tun zu müssen, einfach nur zu entspannen.

Pause ca. 15 sec.

Zuletzt bitte ich dich, deine Aufmerksamkeit vollkommen und ganz auf deine Körpermitte zu lenken. Vermutlich bist auch du ein Mann, der seine eigene männliche Kraft, seine Männlichkeit auch sehr von seiner Körpermitte und seiner Potenzfähigkeit abhängig macht.

Wenn du möchtest, kannst du nun deine Hände auf deinen Penis legen oder auch nur deine Empfindung dorthin lenken.

Wie fühlst du dich in deiner männlich sexuellen Kraft? Kannst du dich in deinem Körper und deiner Sexualität genießen? Oder hast du Angst, nicht zu genügen, nicht den Vorstellungen und Ansprüchen, die eine Frau an dich stellt, sowohl körperlich als auch sexuell zu genügen?

Lass nun all diese Gedanken los und stell dir bloß vor, wie du dich vollkommen und ganz in deine männlich kraftvolle Sinnlichkeit fallen lassen kannst. Sei dir bewusst, dass eine Frau sich wesentlich mehr danach sehnt, deine Aufmerksamkeit und Zuwendung zu bekommen, vor allem deine Präsenz im Moment des Zusammenseins, als irgendeinen rohen und rein körperlichen Kraftakt zu erleben. Nichts musst du tun, nichts leisten, einfach nur im Moment sein und genießen.

Atme nun tief in dich hinein und erlaube es dir, nichts und niemandem etwas beweisen zu müssen, um deinen Mann zu stehen. Atme und entspanne.

Ich lasse dich nur für eine kurze Zeit in Stille nachempfinden – sei dir bewusst, dass es im Moment nichts zu tun gibt, um ein „toller Mann" zu sein…

Pause ca. 1 - 2 min. Musik etwas lauter werden lassen

Nun denke daran, dich langsam von den Wahrnehmungen, die du erlebst, zu verabschieden und bedanke dich bei deinem Körper, der dir ermöglicht, dich in deiner männlichen Kraft zu erleben, Empfindungen wahrzunehmen, deine Sexualität zu genießen und einfach dich selbst zum Ausdruck zu bringen als der Mann, der du nun bist.

Ich werde dich nun zurückbegleiten, indem ich von 1–5 zähle und du bei 5 wieder vollkommen erfrischt und gestärkt in deiner Alltagsrealität angekommen bist.

Musik weg oder Wechsel in etwas kraftvollere Klänge

Stimme wird lauter und direkter:

1 – deine Arme und Beine werden wieder frei und locker, jede Schwere fällt von dir ab

2 – ein Lächeln erscheint auf deinem Gesicht und deine Gesichtsmuskulatur nimmt ihren normalen Muskeltonus an

3 – du nimmst ein paar kraftvolle Atemzüge und spürst deinen Körper ganz bewusst auf deiner Unterlage

4 – strecke und rekle dich, dehne dich und gähne

5 – du kehrst nun gestärkt und kraftvoll hierher zurück – öffne deine Augen, blicke um dich und nimm noch ein paar tiefe Atemzüge, bevor du ganz im Hier und Jetzt auftauchst.

Herzlich willkommen zurück in deiner Welt, in der du nun deine ureigene kraftvolle, doch auch sensible Männlichkeit zum Ausdruck bringen darfst!

13) Anima und Animus

Wenn vorhanden sanfte sinnliche Musik oder einfach Entspannungsmusik

Die Begriffe *Anima* und *Animus* erfasste Carl Gustav Jung mit dem Oberbegriff *Seele*, die er als die archetypische innere, unbewusste Persönlichkeit verstand bzw. als innere Einstellung, die dem Unbewussten zuzuordnen ist.

Das Bild der *Anima* repräsentiert im Mann das Bild einer bestimmten Frau in seinem Inneren, das oftmals dann auf die äußere Partnerin projiziert wird und diese aus seiner Sicht dann das erfüllen soll, was seine unbewusste innere Idee des Weiblichen verkörpert. Sie kann sich in vielen weiblichen Archetypen zeigen.

Das Bild des *Animus* in der Frau zeigt sich durch eine Sammlung von unbewussten maskulinen Attributen und Potenzialen im Unbewussten der Frau. Durch diese unbewussten Erwartungen projiziert auch die Frau vieles auf ihren Partner, was dieser äußere Mann möglicherweise gar nicht erfüllen kann und möchte.

Daher möchte ich nun diese Trancereise dafür anbieten, sich zumindest mit einem sich im Moment zeigenden Aspekt dieser unbewusst vorhandenen Archetypen auseinanderzusetzen, um dadurch möglicherweise eigene Projektionen auf einen Partner oder eine Partnerin aufzuzeigen oder sich bloß darüber im Klaren zu sein, welche inneren Bilder wirken. Es sollte dabei unterstützen, diese mit mehr Bewusstheit zu beleuchten und bei Bedarf mögliche Verwandlungen in Partnerschaften zu bewirken.

Ich verwende bewusst auch immer wieder die Bezeichnung *Innere Frau* oder *Innerer Mann*, um sich noch mehr mit den eigenen Vorstellungen auseinandersetzen zu können.

Diese Reise eignet sich gut als Reise alleine, um den *Inneren Mann* bzw. die *Innere Frau* kennenzulernen oder für ein Paar – sowohl für ein heterosexuelles als auch homosexuelles –, um zu erkennen, wie sehr der *Animus* bzw. die *Anima* sich im äußeren Partner – der Partnerin widerspiegelt. Sie kann dem Paar von jemandem vorgelesen werden. Ebenso besteht die Möglichkeit die Trancereise über den MP3 Download oder von der CD zu hören. Außerdem eignet sie sich für ein Treffen, in dem sich Paare gegenseitig begleiten, sowie für Einzel- oder Gruppenarbeit mit Frauen, Männern als auch Paaren.

Ich werde nun im direkten DU sprechen, damit jeder für sich – auch wenn ihr die Reise gemeinsam antretet – ganz tief nach unten sinken kann, dennoch wissend, dass ihr beide auf dieser Reise gemeinsam unterwegs seid.

Lege dich entspannt hin und decke dich eventuell mit einer warmen Decke zu, um zu verhindern, dass dein Körper abkühlt und sich damit wieder dein Verstand in den Vordergrund drängt.

Schließe deine Augen und atme tief ein und aus, ganz tief ein und aus, atme fünf bis sechs Atemzüge in deinem Tempo tief ein und aus.

Pause ca. 45 sec.

Mit jedem weiteren Atemzug entspannt sich dein Körper mehr und mehr. Stell dir vor, wie mit jedem Ausatmen Spannung und Belastung aus deinem Körper strömen und mit jedem Einatmen Ruhe und Gelassenheit dein gesamtes Wesen erfüllen.

Während du immer noch tief weiter atmest, hörst du bloß den Klang meiner Stimme und der sanften Musik im Hintergrund, alle Geräusche, die du sonst noch wahrnimmst, sind vollkommen bedeutungslos – jedes Geräusch, das du von außen vernimmst, lässt dich noch ein Stück tiefer in deine Ruhe und vollkommene Entspannung sinken.

Dir wird bewusst, dass hinter all den Geräuschen tiefe friedvolle Stille herrscht, jene Stille, die du immer und jederzeit im größten Trubel erleben kannst, jene Stille, die allem innewohnt. Verbinde dich ganz intensiv mit dieser Stille in dir und werde selbst ganz still.

Nichts anderes ist nun erlebbar als tiefe innere und äußere Stille.

Du fühlst dich unendlich wohl und vollkommen geborgen.

Ruhig und gleichmäßig geht jetzt deine Atmung. Mit jedem Atemzug lässt du dich immer tiefer und tiefer sinken. Die Stille erfasst nun deinen gesamten Körper, der immer schwerer und schwerer wird. Deine Arme und Beine werden immer schwerer und schwerer, ganz schwer sinken diese in die Unterlage hinein. Alle deine Gesichtsmuskeln werden vollkommen entspannt und in deinem Kopf herrscht unendliche Stille.

Deine Gedanken lässt du vorbeiziehen, so wie die Wolken am Himmel an dir vorbeiziehen, wenn du auf einer schönen Wiese liegst und in den Himmel blickst.

Ich werde nun ganz langsam von 5 bis 1 zählen und wenn ich bei 1 angelangt bin, befindest du dich

An einem Platz, der dir ermöglicht, deiner *Anima* oder deinem *Animus* zu begegnen.

5 – mit jedem Atemzug entspannst du dich noch ein Stück tiefer in diesen angenehmen Zustand der Ruhe und Gelassenheit

4 – immer mehr entfernt sich dein Geist von deinem Körper, während du tiefe Ruhe erlebst

3 – du atmest ein und aus und genießt die Stille in dir und um dich

2 – dein Körper bleibt vollkommen geschützt auf deiner Unterlage zurück, während dein Geist nun frei ist, überall hin zu schweben

1 – nun befindest du dich

An einem geschützten Platz, an dem du bereit bist, deiner *Anima* oder deinem *Animus* zu begegnen.

Sieh dich genau um.

Was nimmst du wahr, wo befindest du dich jetzt?

Schau dich ganz genau um und nimm alles wahr, was du siehst.

Atme auch die Gerüche deiner Umgebung ein...

Lausche den Klängen, die du an diesem Ort hörst...

Wenn du dich an diesem Ort wohlfühlst, so verweile und suche dir einen Platz, an dem du dich hinstellen kannst, um dich mit deinem Inneren ganz tief zu verbinden.

Wenn du dich nicht an einem für dich richtigen Ort befindest, lass es JETZT geschehen, dich unmittelbar an einen anderen Ort zu begeben, der für dich der richtige ist!

Pause ca. 15 sec.

Ich bitte dich, dir nun vorzustellen, dass du an einem wunderschönen Platz in der Natur stehst, an dem du viel Weite und Ruhe um dich erlebst. Du bist hier eingehüllt in einzigartige Stille, sodass dein Geist ganz ruhig werden kann.

Stell dir jetzt vor, wie du um dich einen Steinkreis errichtest, der dich in deiner weiblichen – männlichen Kraft stärkt und zugleich schützt. In Folge lass – wie wenn du eine Acht formst – dir gegenüber einen zweiten Steinkreis entstehen. Blicke zuerst ganz ruhig in den leeren Kreis dir gegenüber, bevor du aus deinem Kreis heraus, darum bittest, als Frau deinem *Inneren Mann* oder als Mann deiner *Inneren Frau* begegnen zu dürfen.

Sei ganz unbefangen und bereit, jede Erscheinung, die nun vor dir auftaucht, auch vollkommen anzunehmen und bloß in der Beobachtungsrolle zu verweilen.

Bitte JETZT deinen *Inneren Mann* – deine *Innere Frau* im anderen Steinkreis dir gegenüber zu erscheinen.

Wen siehst du dort stehen?

Akzeptiere jede Erscheinung, die in deinem inneren Bild vor dir sichtbar ist, ohne zu bewerten oder etwas verändern zu wollen.

Wie sieht dein Gegenüber aus?

Wie sieht es dich an?

Wie geht es dir bei dieser Begegnung? Fühlst du dich wohl bei dem Anblick oder spürst du Unbehagen in dir? Lass jetzt alle Gefühle zu, die in dir auftauchen…

Pause ca. 15 sec.

Nun sei auch bereit, tief in dir wahrzunehmen, wie sich dein Gegenüber fühlt. Ist es ängstlich, verunsichert, eingeschüchtert oder vielleicht überheblich, dominant, angsteinflößend für dich? Es kann auch ganz anders auftreten. Sei wirklich bereit, zu erspüren, wie es ihm oder ihr geht.

Pause ca. 30 sec.

Jetzt fühle noch einmal deine eigenen Emotionen, Gefühle, all das, was sich in dir bemerkbar macht. Bist du erstaunt, wie dein Gegenüber aussieht, wie es sich verhält, was es fühlt oder erkennst du vielleicht, dass du genau all das, was ihm oder ihr entspricht auf deinen Partner – deine Partnerin projizierst. Nimm ganz genau wahr, welche Figur oder Erscheinung dieses Gegenüber für dich verkörpert. Kannst du erkennen, dass du möglicherweise dieses Erscheinungsbild oder auch Verhalten von deiner Partnerin – deinem Partner – haben möchtest? Oftmals ist es so, dass wir unseren *Animus* – unsere *Anima* – auf unsere realen Partner übertragen und so mit dem, was wir uns eigentlich wünschen, nicht das anerkennen, was wir erfahren und leben.

Verbinde dich innerlich so ganz mit deiner *Inneren Frau* – deinem *Inneren Mann* und frage, was sie – er von dir braucht?

Achte sehr genau darauf, was du für eine Antwort erhältst.

Pause ca. 30 sec.

Bist du fähig und bereit, das zu geben, was von dir gewünscht wird?

Vielleicht geht es einfach nur darum, Anerkennung und Wertschätzung zu geben, mehr Liebe und Achtung sowie Respekt zu schenken. Oftmals bedarf es gar nicht so viel, um eine Veränderung einer Situation zu erleben. Möglicherweise sind das all die Bedürfnisse, die eigentlich auch du hast. Kannst du dir selbst Liebe, Wertschätzung, Achtung und Respekt geben? Kannst du dich selbst vollkommen so annehmen, wie du bist, mit all deinen schönen Seiten, aber auch Schwächen?

Lass dich so ganz auf deine Gefühle ein und spüre, was sich dadurch in eurem Miteinander-Sein verändert.

Pause ca. 1min.

Nun blicke deinem Gegenüber tief in die Augen und sei bereit, mit ihm in einen tiefen gemeinsamen Atemrhythmus zu kommen, ohne den Blick voneinander abzuwenden.

Während ihr so atmet, geht ganz langsam aufeinander zu und achtet in jedem Moment, wie es sich anfühlt, immer näher zusammenzukommen. Geht so nahe aufeinander zu, dass ihr euch am Schnittpunkt der Steinkreise begegnet.

Atmet tief und seid in der Aufmerksamkeit vollkommen miteinander verbunden...Schritt für Schritt...ganz langsam und bedächtig, aufmerksam und mit offenem Herzen.

Pause ca. 1min.

Nehmt euch nun an den Händen und lasst atmend die Energie in einem Kreislauf durch euch beide strömen...bis ihr immer mehr das Gefühl habt zu einem Körper zu werden. Dann umarmt euch genau an der Schnittstelle der beiden Steinkreise und lässt diese nun als zwei Kreise, in deren Zentrum ihr steht, um euch entstehen. Es ist jetzt ein innerer weiblicher Steinkreis, der euch die weibliche Geborgenheit, aber auch Sinnlichkeit des Urweiblichen spüren lässt und ein äußerer männlicher Steinkreis, der euch ein Gefühl männlicher Kraft und männlichen Schutzes vermittelt. Verweilt noch kurze Zeit und atmet diese Verbindung des Weiblichen und Männlichen in euch selbst ein, solange bis es möglicherweise dazu kommt, dass diese beiden im Zentrum stehenden Körper tatsächlich zu einem verschmelzen.

Lass jetzt geschehen, was hier geschehen möchte.

Pause ca. 45 sec.

Wenn ihr noch nicht ein Wesen geworden seid, bitte ich dich nun, dich auf eine dir angenehme Weise von deinem Gegenüber zu verabschieden. Bist du schon eins mit diesem Aspekt deiner selbst geworden, verabschiede dich von diesem Platz der Kraft und Geborgenheit, um all das Erfahrene gut in dein Alltagsbewusstsein mitnehmen zu können.

Ich werde dich jetzt gleich wieder wecken und bis 5 zählen.

Bei 5 bist du wieder hellwach, frisch und munter. Jede Müdigkeit und auch Schwere ist dann aus deinem Körper verschwunden und dir wird die Möglichkeit gegeben sein, sowohl diese tiefe, allem innewohnende Stille als auch das Gefühl mit deinem Inneren Mann – deiner Inneren Frau verbunden zu sein, mit in deinen Alltag zu nehmen, um dich in Momenten, in denen dir all der Lärm um dich zu viel wird, an all das Erfahrene und die immer vorhandene Stille in dir selbst zu erinnern.

1 – du beginnst langsam zu erwachen

2 – jede Schwere und Müdigkeit schwindet – du wirst immer munterer und erfrischter

3 – dein ganzer Körper ist wieder leicht und frei

4 – dein Kopf ist frei und klar. Jede Müdigkeit und Schwere ist jetzt aus deinem Körper verschwunden – du fühlst dich energieladen und kraftvoll

5 – du bist jetzt wieder hellwach, frisch und munter. Du fühlst dich wohl, entspannt und ausgeruht.

Herzlich willkommen zurück in deiner Welt – in deiner Partnerschaft oder auch in der Bereitschaft, nun vollkommen mit deinem *Inneren Mann* – deiner *Inneren Frau* eins zu werden!

14) Vom ICH zum DU zum WIR

Wenn vorhanden sanfte sinnliche Musik oder einfach Entspannungsmusik

Diese Reise eignet sich gut für ein Paar – sowohl für ein heterosexuelles als auch homosexuelles –, um sie gemeinsam von der MP3 Datei oder CD zu hören oder auch für ein Treffen, in dem sich Paare gegenseitig begleiten, sowie für Einzel- oder Gruppenarbeit mit Paaren:

Legt euch nebeneinander, möglicherweise Hand in Hand, so wie es euch angenehm ist, an einen bequemen Platz und deckt euch eventuell mit einer Decke zu, um zu verhindern, dass eure Körper abkühlen und sich damit wieder der Verstand in den Vordergrund drängt.

Ich werde nun im direkten DU zu euch sprechen, damit jeder für sich ganz tief nach unten sinken kann, dennoch wissend, dass ihr beide auf dieser Reise gemeinsam unterwegs seid.

Schließe deine Augen und atme tief ein und aus, ganz tief ein und aus, atme fünf bis sechs Atemzüge in deinem Tempo tief ein und aus.

Pause ca. 45 sec.

Begib dich in deinem inneren Bild in einen mit Kerzen erleuchteten Raum und blicke in das warme flackernde Licht dieser vielen Kerzen um dich. Während du auf diese Weise tief ein- und ausatmest, entspannt sich dein Körper mehr und mehr. Stell dir vor, wie mit jedem Ausatmen Spannung und Belastung aus deinem Körper strömen und mit jedem Einatmen Ruhe und Gelassenheit dein gesamtes Wesen erfüllen.

Lass nun das Licht in deinen Körper strömen, all deine Zellen, deine Organe, Knochen und Blutgefäße mit diesem warmen orangefarbenen Licht erfüllen und stell dir vor, dass dieses Licht überallhin strömt und alle Verspannungen in dir auflöst.

Deine Arme und Beine werden vom Licht durchflutet, das Licht erzeugt ein Kribbeln in deinen Händen und Füßen und durchströmt deinen Oberkörper bis hinauf zu deinem Kopf, in dem es deine Gedanken zur Ruhe bringt, sämtliche Verspannungen löst und dich ganz bei dir ankommen lässt – warm und erfüllt.

Ich werde nun ganz langsam von 5 bis 1 zählen und wenn ich bei 1 angelangt bin, befindest du dich

Gemeinsam mit deinem Geliebten – deiner Geliebten in einem von Kerzen erleuchteten Raum, in dem ihr euch tief aufeinander einlassen könnt.

5 – mit jedem Atemzug entspannst du dich noch ein Stück tiefer in diesen angenehmen Zustand der Ruhe und Gelassenheit

4 – immer mehr entfernt sich dein Geist von deinem Körper, während du tiefe Ruhe erlebst

3 – du atmest ein und aus und genießt die Stille in dir und um dich

2 – dein Körper bleibt ganz geschützt auf deiner Unterlage zurück, während dein Geist nun frei ist, überall hin zu schweben

1 – nun befindest du dich

Mit deinem Geliebten – deiner Geliebten in einem Raum der Stille und Geborgenheit, in dem ihr euch beide in Liebe und Achtung aufeinander einlassen könnt.

Wie geht es dir im Moment? Fühlst du dich wohl und sicher, von Liebe erfüllt und geborgen an der Seite des geliebten Menschen oder ist da möglicherweise gerade ein Unbehagen in dir? Lass dich vollkommen und ganz auf das Gefühl ein, das du im Moment erlebst. Wie fühlt sich dein Körper an? Spürst du Spannungen oder Unsicherheit oder fühlst du dich wohl und entspannt in deinem Körper. Nimm alles wahr, was jetzt auftaucht – Gedanken, Gefühle, Emotionen. Wenn du Unbehagen verspürst, konzentriere dich ganz auf deinen Atem und auf das Jetzt, in dem du nichts tun oder erfüllen musst.

Pause ca. 30 sec.

Nimm nun auch wahr, wie sich dein Gegenüber fühlt – stell dir vor, wie du empathisch und achtsam seine bzw. ihre Empfindungen, Gefühle und das Körpergefühl selber erlebst. Ist es in harmonischer Schwingung mit deinen eigenen Empfindungen? Atme tief und nimm alles auf, was sich dir erlebbar macht. Lass dich vollkommen und ganz darauf ein.

Pause ca. 45 sec.

Nun blickt euch tief in eure Augen und atmet im Gleichklang miteinander – wenn ihr euch noch nicht an euren Händen hält, wäre jetzt ein guter Zeitpunkt, eure Hände zu nehmen oder euch gegenseitig jeweils eine Hand auf den Bauch zu legen, um in einen gemeinsamen Atemrhythmus zu kommen. Tief und ruhig fließt euer Atem.

Pause ca. 45 sec.

Stellt euch nun vor, wie ihr über diesen Atemrhythmus immer tiefer in ein Gefühl der Einheit einzutauchen beginnt und über die Wellen des Atems Kontakt zueinander findet.

Nimm nun deine Sinnlichkeit wahr. Was empfindest du so nahe bei deinem Partner – deiner Partnerin? Erlebst du ein Prickeln, sanfte Erregung, Bereitschaft, dich noch tiefer einlassen zu wollen, Lust auf mehr? Lass alle Empfindungen und Gefühle zu und genieße sie vollkommen.

Atmet gemeinsam weiter und erlebt euch in dieser äußeren und inneren körperlichen Nähe.

Ich lasse euch nun kurze Zeit allein mit euren Empfindungen, die ihr im tiefen Atmen zulassen und genießen könnt.

Pause ca. 1 - 2 min. **Musik etwas lauter werden lassen**

Nun denke daran, dich langsam von den Wahrnehmungen, die du erlebst, zu verabschieden und bedanke dich bei deinem Körper, der dir ermöglicht, dich als Frau in deiner Weiblichkeit und schönen, sanften Sinnlichkeit gemeinsam mit deinem geliebten Gegenüber zu erleben. Bedanke dich ebenso als Mann bei deinem Körper, der auch dir ermöglicht, dich in deiner männlichen Kraft und Sinnlichkeit mit deinem geliebten Gegenüber zu erleben. Genießt es, Empfindungen wahrzunehmen, eure Sexualität gemeinsam zu erleben und einfach euch selbst in jedem gemeinsamen Moment zum Ausdruck zu bringen als die Lebensmenschen, die sich nun miteinander auf einer Lebensreise befinden – wie lange sie auch immer dauern mag.

Ich werde euch jetzt gleich wieder wecken, um euch noch im Wachzustand durch einen kurzen und intensiven gemeinsamen Moment zu führen, wenn ihr beide es wollt.

Kehrt zurück in euren kerzenerleuchteten Raum und blickt euch dieses wunderbar wärmende Licht nochmals an, bevor ihr es selbst aus eurem Körper strömen lässt und gemeinsam die Kerzen alle auf einmal mit einem intensiven Atemzug ausbläst.

Nun werde ich von 1–5 zählen – bei 5 seid ihr wieder hellwach, frisch und munter. Jede Müdigkeit und Schwere ist dann aus eurem Körper geschwunden.

Ich spreche nun zu jedem von euch im direkten DU:

1 –du beginnst langsam zu erwachen

2 – jede Schwere und Müdigkeit schwindet – du wirst immer munterer und erfrischter

3 – dein ganzer Körper ist wieder leicht und frei

4 – dein Kopf ist frei und klar. Jede Müdigkeit und Schwere ist jetzt aus deinem Körper verschwunden – du fühlst dich energieladen und kraftvoll

5 – du bist jetzt wieder hellwach, frisch und munter. Du fühlst dich wohl, entspannt und ausgeruht.

Öffne nun in deinem Tempo deine Augen und blicke in das Augenpaar an deiner Seite. Blickt euch noch eine kurze Zeit tief in eure Augen, ohne zu interpretieren oder zu analysieren, blickt euch weich an und atmet miteinander.

Seid willkommen in eurer gemeinsamen Welt, in der ihr euch in wunderbarer Weise Begleiter sein könnt.

Wenn ihr beide nun bereit seid, möchte ich euch bitten, euch auf den folgenden Prozess einzulassen.

Ihr könnt im Schneidersitz einander gegenüber sitzen mit übereinander gegrätschten Beinen. Ihr könnt auch auf zwei Sesseln, die nahe beieinander stehen, gegenüber Platz nehmen. Auf jeden Fall solltet ihr euch so nahe sein, dass ihr euch gegenseitig mit euren Händen berühren könnt.

Dafür setzt euch nun bitte auf und wendet euch einander zu. Blickt euch in die Augen, ohne miteinander zu sprechen und beginnt tiefer zu atmen.

Atme zuerst jeweils alleine für dich.

Beginne nun durch bewusstes Atmen, dich mit deinem Atem auf den Bereich zwischen deinen Genitalen (im Bereich des Sakralchakras unter deinem Bauchnabel) und dem Herzen zu konzentrieren.
Atme von unten in deinen Genitalbereich ein und lass den Atem in einem Kreis über dein Herzzentrum hinaus- und von unten wieder in den Körper strömen. Bleib nun ganz in diesem Atemzyklus, ohne deinen Blick von den Augen deines Gegenübers zu wenden.

Pause ca. 1 min.

Atme weiter und lege nun eine Hand auf das Herzzentrum (Herzchakra) deines Partners – deiner Partnerin und lasst euch nun gemeinsam darauf ein, weiterhin wie zuvor im Kreis zu atmen, indem ihr nun auch den anderen Körper in den Kreis mit einschließt.
Somit könnt ihr durch beide Körper miteinander atmen.

Pause ca. 1 min.

Atmet weiter und legt nun eure zweite Hand auf Vulva oder Venushügel bzw. Penis eures Partners oder eurer Partnerin und bleibt weiter im Kreisatem, indem ihr bewusst eure liebenden Energien durch eure Hände fließen lässt und somit eure Herzen und euren Sexualbereich harmonisch miteinander verbinden könnt.

Pause ca. 1 min.

Löst euch immer noch einander in die Augen blickend langsam voneinander und seht euch noch für einige Momente mit einem warmen Blick der Wertschätzung und Achtung für das, was euch verbindet, an.

Dann verneigt euch entweder mit dem Gruß des Namasté oder auf eure euch vertraute Weise voreinander.

Ich wünsche euch einen wunderbaren gemeinsamen Weg, eine schöne *LEBENsREISE* mit außergewöhnlichen und erfüllenden Erfahrungen.

Abschnitt II

Zur Aktivierung der Selbstheilungskräfte – zur Unterstützung körperlicher und seelischer Gesundheit

Diese Trancereisen dienen dazu, dir zu helfen, deine Selbstheilungskräfte zu aktivieren und zu verstärken sowie deine Intuition zu erhöhen und das Vertrauen zu entwickeln, immer mehr das zu manifestieren, was deinem Herzen entspricht. Sie sollen dir helfen, deinen Körper, deinen Geist und deine Seele harmonisch in Einklang zu bringen.

Keine dieser Reisen ist dafür geeignet, einen Arzt oder fachlich kompetenten Therapeuten zu ersetzen. Bei ernsthaften körperlichen oder psychischen Beschwerden ist daher unbedingt ein Arzt oder Therapeut zur Stellung einer Diagnose und Behandlung aufzusuchen.

Die Reisen sind lediglich dazu geeignet, das körperliche und geistige System zu unterstützen und zu harmonisieren. Sie sind nicht für Behandlungs- oder Therapiezwecke heranzuziehen.

Auch in diesem Abschnitt beginne ich mit einer kurzen Geschichte, die es ermöglichen soll, dein Herz zu berühren und zu weiten.
Als Musik empfiehlt sich für diesen Abschnitt ruhige Entspannungsmusik jeder Art.

TEIL 1

ENTSPANNUNG DES KÖRPERS

Alma Luz – Botschafterin der Liebe

Ich wusste, dass ich noch einmal auf der Erde einen Auftrag zu erfüllen hatte. Sie sandten mich, um in diesen Zeiten des Umbruchs, der Naturkatastrophen und Kriege, der Aggressionen und Verzweiflung vieler Menschen, eine der *Botschafterinnen der Liebe* auf diesem Planeten zu sein.

Also machte ich mich bereit, doch wieder auf die Erde zurückzukehren – in einer neuen Form, die Mensch und Zauberwesen, die Fee und Elfe, die Naturgeist und reines Bewusstsein sein sollte. Ich würde im jeweiligen Moment, in Form oder Formlosigkeit dort eingreifen, wo ich gebraucht werden würde... nein, nicht ich, sondern meine *Energie der Liebe*, die mir zu verströmen möglich sein wird, um diesen Planeten vor dem Untergang zu bewahren und ihn mehr und mehr in ein *Reich der Liebe* zu verwandeln.

So machte sich meine Seele bereit für diese Reise und ließ sich in die Endlichkeit des Universums sinken...

Ich befinde mich im Inneren meiner zukünftigen Mutter – sie scheint eine sehr verängstigte Frau zu sein und sie ist blind. Plötzlich höre ich ein lautes Poltern, ein Schreien und schon schüttelt es mich unglaublich in ihrem Bauch. Ich höre aus der Ferne ihre Schreie: „Nein, bitte, tu mir nichts... mein Kind, pass auf, unser Kind!"

Auf einmal vernehme ich ein heftiges Krampfen im Unterleib meiner Mutter und vergesse ...

Mariella ist mit ihrem dritten Kind schwanger. Sie lebt mit ihrem Mann Julio, ihrem Sohn Juan und ihrer Tochter Maribel in einer Armengegend in Lima. Gerade wurde sie wieder von ihrem betrunkenen Mann, den sie als 16-Jährige heiraten musste, geschlagen und ist dabei über die Steinstufen im Vorhof gefallen. In diesem schmerzvollen Moment spürt sie etwas Warmes zwischen ihren Beinen fließen und die Wehen einsetzen.

Julio schreit sie noch an, sie solle aufstehen, reißt sie an den Armen hoch und sieht nur ihr schmerzverzerrtes Gesicht – erneut lässt er sie fallen. Einmal noch bemüht sie sich hochzukommen. Doch in dem Moment, in dem sie es mit ihrem geschundenen Körper versucht, setzen die Wehen stärker ein und sie sinkt in sich zusammen. Schon kommt ihre Nachbarin Maria angelaufen, um ihr zur Hilfe zu eilen, auch die 7-jährige Maribel läuft weinend auf ihre Mama zu, die das Kind noch schützend in ihre Arme nehmen will. Sie muss liegen bleiben, das Fruchtwasser rinnt über ihre Beine nach unten und sie spürt, wie ihr Baby nach außen drängt. Während Julio wild fluchend stehen bleibt und verächtlich auf seine Frau blickt, die sich bereits in heftigen Geburtswehen windet und dennoch schützend ihr Kind hält, läuft Maria ins Haus, um heißes Wasser und Tücher zu holen. Kaum kommt sie zurück, sieht sie schon einen dunklen Haarschopf zwischen Mariellas Beinen auftauchen und kommt gerade noch zurecht, das kleine, zarte Wesen, das nun sieben Wochen zu früh das Licht der Welt erblickt, aufzufangen.

In diesem magischen Augenblick scheint in der Natur alles zum Stillstand zu kommen und tiefe Ruhe erfasst die gesamte Umgebung. Als Maria dieses Wesen berührt, beginnt ihr Körper zu leuchten. Zugleich erstarrt auch Julio und blickt auf das Neugeborene, auf das er wie in Trance zugeht, es ansieht und in Tränen ausbricht, unfähig, ein Wort zu sprechen. Maria kann ebenfalls keine Worte finden beim Anblick dieses so unbeschreiblich reinen Kindes, von dem ein Licht ausstrahlt, das sich über die ganze Gegend, in der sich die Slums befinden, ausbreitet. Es ist ein Mädchen. Noch ist sie mit dem Leib ihrer Mutter über die Nabelschnur verbunden, dennoch streckt Julio seine schmutzigen Hände nach ihr aus, um sie ganz zart und vorsichtig zu ergreifen, mit ihr auf die Knie zu gehen, sich vor seiner Frau und seiner Tochter Maribel zu verneigen und nur mehr zu stammeln: „ Mein Gott, was habe ich Euch angetan, ich bitte Euch um Verzeihung, ich wollte es doch niemals tun …" Bitterlich beginnt er immer mehr zu weinen, während er vorsichtig dieses kleine strahlende Kind auf Mariellas Herz legt und sie erleichtert und erschöpft zugleich ihre Hände schützend auf die Kleine legt, während Maria, ebenfalls wie von einer fremden Macht gelenkt, die Nabelschnur durchtrennt. Lauthals fängt das Baby an zu schreien – mit ihm erwacht die Natur in einer unbeschreiblichen Lebendigkeit und so beginnen die Vögel wieder zu singen. Alles um diese Menschen erblüht wie aus dem Nichts in einer bunten Farbenpracht. Ein starker Wind setzt ein und streicht über ihre Körper – und über Mariellas Augen, die nun ihren Kopf anhebt, um nochmals ihr Kind zu ertasten. Augenblicklich erstarrt die Frau und kann es nicht fassen … sie sieht ihr Baby, das sie vorsichtig hochhebt und von dem sie mit einem tiefen Blick – so als würden sie sich schon immer kennen – durchdringend angesehen wird. Sie glaubt, sich in einem Traum zu befinden. Schon öfter hatte sie im Traum Farben und Formen wahrgenommen und so sagt sie ohne nachzudenken: „Willkommen, meine geliebte Alma Luz, ich danke dir, dass du mich wiedergefunden hast." Ungläubig starren sie vier Augenpaare an – Maria, Maribel, Julio und ihr 3-jähriger Juan, der inzwischen angelaufen gekommen ist. Mariella kann alle hier Anwesenden sehen, blickt weiter um sich, sieht die ungewöhnlichen kraftvollen Blüten und blühenden Bäume der Umgebung und weiß, dass soeben ein großes Wunder geschehen ist.

Alma Luz wird in eine Familie geboren, die bereits unendlich viel Leid erfahren hat und in der sie schon zu Beginn ihres Lebens das *Licht der Liebe* erstrahlen lässt, um Heilung zu bringen. Sie kam gerade noch zur rechten Zeit und konnte damit verhindern, dass der Vater sich nicht noch schlimmer an seiner kleinen Tochter, Alma Luz' Schwester, vergreifen sollte. Die Mutter war durch ihre Blindheit zu schwach gewesen, ihre Tochter umfassend schützen zu können, doch hatte sie gespürt, was geschehen könnte und sich unverzüglich auf ihren Mann gestürzt, der sie in seinem Zorn an den Haaren hochgezogen und nach draußen gezerrt hatte, um sie dort wieder einmal mit Schlägen zu quälen. Das war der Zeitpunkt, an dem sie zu Boden fiel und die Treppe nach unten stürzte, wo diese heilbringende lichtvolle Seele an einem Platz der Dunkelheit geboren wurde.

Sehr schnell verbreitete sich die Botschaft, dass in den Slums von Lima ein Lichtwesen zur Welt gekommen war …

1) Mein innerer Arzt

Ruhige Entspannungsmusik

Du begibst dich nun auf eine Reise, bei der du die Möglichkeit hast, deinem inneren Arzt oder deiner inneren Ärztin zu begegnen und damit deine innere Heilerin bzw. deinen inneren Heiler zu stärken und zu erkennen, wie vieles dir selbst durch deine Intuition von deinen Ursachen für physische oder psychische Probleme bekannt ist. Du wirst merken, wie viel leichter es dir fällt, deine Gesundheit zu erhalten oder wieder herzustellen, wenn du dieser inneren Kraft vertraust.

Lege dich entspannt hin und decke dich eventuell mit einer warmen Decke zu, um zu verhindern, dass dein Körper abkühlt und sich damit wieder dein Verstand in den Vordergrund drängt.

Schließe deine Augen und atme tief ein und aus, ganz tief ein und aus, atme fünf bis sechs Atemzüge in deinem Tempo tief ein und aus.

Pause ca. 45 sec.

Mit jedem einzelnen Atemzug, den du ein- und ausströmen lässt, entspannt sich dein Körper mehr und mehr. Stell dir vor, wie mit jedem Ausatmen Spannung und Belastung aus deinem Körper strömen und mit jedem

Einatmen Ruhe und Gelassenheit dein gesamtes Wesen erfüllen.

Während du nun tief weiter atmest, hörst du bloß den Klang meiner Stimme und der sanften Musik im Hintergrund. Alle Geräusche, die du sonst noch wahrnimmst, sind vollkommen bedeutungslos – jedes Geräusch, das du von außen vernimmst, hilft dir, dich noch ein Stück tiefer in deine Ruhe und vollkommene Entspannung sinken zu lassen.

Deine Gedanken lässt du vorbeiziehen, so wie die Wolken am Himmel an dir vorbeiziehen, wenn du auf einer schönen Wiese liegst und in den Himmel blickst.

Deine Arme werden nun ganz schwer, immer schwerer und schwerer – mit jedem Atemzug sinkst du noch tiefer in eine vollkommene Schwere und Stille.

Auch deine Beine werden immer schwerer und sinken tiefer und schwerer auf deine Unterlage.

Deine Gesichtsmuskulatur wird vollkommen entspannt, deine Augäpfel fallen nach hinten unten – ganz schwer werden sie – du lässt deine Augen geschlossen, immer schwerer erscheinen auch deine Augenlider. Dein Kiefer entspannt sich vollkommen – du kannst deine Kiefermuskulatur noch bewegen und lässt sie dann tief entspannen, sodass dein Unterkiefer sich vom Oberkiefer löst, während du regelmäßig weiter atmest.

Tief atmest du ein und aus und spürst wie sich dein Körper mehr und mehr auf deine Unterlage sinken lässt – und immer schwerer wird.

Nun nimmst du wahr, wie dein Bewusstsein in deine Mitte sinkt, wo auch immer sich deine Mitte befindet – spüre, wie es dorthin sinkt, so wie du ein Steinchen versinken siehst, wenn du es ins Wasser geworfen hast und die Kreise auf der Wasseroberfläche immer weiter werden, während das Steinchen immer tiefer und tiefer zum Grund des Gewässers absinkt, bis es dort unten vollkommen zur Ruhe kommt.

Pause ca. 10 sec.

Schon spürst du eine Ruhe, Gelassenheit und Entspannung dein gesamtes Sein erfassen und genießt es, die Schwere deines Körpers wahrzunehmen.

Ich werde nun ganz langsam von 5 bis 1 zählen und wenn ich bei 1 angelangt bin, befindest du dich

An einem Platz, der dir Vertrauen gibt und friedvolle Ruhe zu erleben möglich macht

5 – mit jedem Atemzug entspannst du dich noch ein Stück tiefer in diesen angenehmen Zustand der Ruhe und Gelassenheit

4 – immer mehr entfernt sich dein Geist von deinem Körper, während du tiefe Ruhe erlebst

3 – du atmest ein und aus und genießt die Stille in dir und um dich

2 – dein Körper bleibt ganz geschützt auf deiner Unterlage zurück, während dein Geist nun frei ist, überall hin zu schweben

1 – nun befindest du dich

An einem Platz, an dem du dich wohl und geborgen fühlst.

Sieh dich genau um.

Was nimmst du wahr, wo befindest du dich jetzt?

Schau dich ganz genau um und nimm alles wahr, was du siehst.

Atme auch die Gerüche deiner Umgebung ein...

Lausche den Klängen, die du an diesem Ort hörst...

Wenn du dich an diesem Ort wohlfühlst, so verweile und suche dir einen Platz, an dem du dich hinlegen kannst, um dich mit deinem Inneren ganz tief zu verbinden.

Wenn du dich nicht an einem für dich richtigen Ort befindest, lass es JETZT geschehen, dich unmittelbar an einen anderen Ort zu begeben, der für dich der richtige ist!

Pause ca. 15 sec.

Lausche ganz tief in deinen Körper hinein und nimm alle Empfindungen und Gefühle wahr, spüre in die Stellen hinein, die dir möglicherweise ein Problem bereiten, die schmerzen, verspannt sind oder sich disharmonisch anfühlen.

Scanne mit deinem inneren Auge den gesamten Körper durch, beginne bei deinem Kopf, deinem Gehirn, deinen Augen, geh weiter zu den Ohren, deiner Nase und deinem Mund. Fühle in dein Gebiss und nimm überall wahr, wie es sich anfühlt. Wo auch immer du ein

Verharren oder eine Unsicherheit erlebst, lenke deine Aufmerksamkeit dorthin und verbinde dich mit der Stelle, um ganz bewusst dorthin zu atmen.

Geh weiter zu deinem Nacken, über deine Schultern zu deinen Armen, bis du zu deinen Händen gelangt bist und gleite wieder mit deiner Aufmerksamkeit zurück nach oben, um dann hinten über deine Wirbelsäule nach unten zu fahren – Wirbel für Wirbel, Bandscheibe für Bandscheibe – und erkenne auch hier jene Stellen, die dir Schmerz oder Unwohlbefinden oder auch bloß Verspannungen bereiten. Auch dort atmest du bewusst hin und stellst dir vor, wie durch die Atemzüge Erleichterung spürbar wird.

Nun geh mit deiner Aufmerksamkeit weiter über deine Hüften, dein Gesäß nach unten zu den Rückseiten deiner Beine und weiter bis zu deinen Füßen. Dann lenke deine Aufmerksamkeit an der Vorderseite wieder nach oben über deine Schienbeine zu den Kniegelenken, die du nun bewusst etwas bewegst, um hier die Energie durchlässiger werden zu lassen. Nimm jede Regung wahr, ohne sie zu bewerten oder abzulehnen. Sei ganz in der Wahrnehmung ohne Beurteilung.

Jetzt gleitest du weiter über dein Geschlecht nach oben und gleichzeitig nach innen, um auch deine Geschlechtsorgane, deine Blase, deine Nieren, deine Leber und Gallenblase, den Magen, die Bauchspeicheldrüse und die Milz zu spüren sowie deinen gesamten Darmtrakt und weiter oben deine Lungenflügel und dein Herz wahrzunehmen.

Zuletzt spüre, wie sich dein Brustkorb anfühlt.

Ist er eng und schwer oder erlebst du dich offen und leicht? Kannst du gut durchatmen?

Ich gebe dir nun ein wenig Zeit, um dich so ganz mit deinem Körper zu verbinden und zu erkennen, wohin deine Aufmerksamkeit am stärksten geht und welcher Bereich für den Moment Unterstützung bekommen möchte.

Pause ca. 45 sec.

Überlege dir nun auch, welche Bereiche du in deinem Leben verändern möchtest.

Willst du möglicherweise aufhören zu rauchen, den Alkoholkonsum einschränken, weniger Kaffee oder Süßigkeiten zu dir nehmen, an Gewicht ab- oder zunehmen... spüre genau hin, was dir jetzt am allerwichtigsten erscheint!

Mach dich nun bereit, deinen inneren Arzt bzw. deine innere Ärztin, zu rufen, um mit ihm oder ihr alles zu beraten, was im jetzigen Moment für deinen Ganzwerdungs-, Heilungs- und Harmonisierungsprozess am besten ist. Es soll ein Wesen auftauchen, das absolut für dich zu deinem höchsten Wohle erscheint.

Lass dich überraschen, wer sich vor deinem *Inneren Auge* zeigt, um dich im Hier und Jetzt zu unterstützen.

Ich zähle bis drei und du wirst sofort erkennen, wer da ist:

Eins... zwei... drei...schau genau, wer vor dir auftaucht und achte sehr genau darauf, ob das vor dir erschienene Wesen sich für dich wohltuend anfühlt. Frage nun deinen inneren Arzt/ deine innere Ärztin, was für dich im Moment am allerwichtigsten ist und nimm die erste Antwort, die kommt, als die für dich richtige.

Pause ca. 10 sec.

Nun bitte darum, dass ihr gemeinsam deinen gesamten Körper erforscht und führe jetzt deinen inneren Heiler oder deine Heilerin durch deine Körperorgane, deinen Bewegungsapparat, zu deinen Sinnesorganen, deinen Schmerzregionen, deinen Verspannungen, überall dorthin, wo du im Moment am meisten Unterstützung benötigst. Lasse dir dafür genug Zeit und lausche ganz tief in dich hinein, beobachte, was geschieht, höre auf plötzlich auftauchende Botschaften und vertraue, dass jetzt all das sein wird, was zu deinem Besten im Moment an Unterstützung notwendig ist. Ich werde mich nun für eine Zeitlang mit meiner Stimme zurückziehen, während du von den sanften, heilenden Klängen der Musik

(ganz ruhige Entspannungsmusik oder Klangschalen)

und deiner inneren heilsamen Begleitung geführt wirst. Vertraue voll und ganz dem Geschehen und gib dich der Situation hin.

Pause ca. 3 – 4 min.

Fühle nun wieder in all die Körperregionen hinein, die dir zuvor Unwohlsein bereitet haben und spüre, ob du Veränderungen wahrnehmen kannst. Atme tief in diese Körperbereiche und frage noch, welche Farbe jetzt für dich die stärkste Heilenergie in sich trägt.

Nimm nun diese Farbe und stell dir vor, wie du von innen deine Organe, deine Knochen und Gelenke und alle Regionen, die es benötigen, mit dieser Farbe einhüllst und nährst.

Lass dir dafür ein wenig Zeit und bade dich in dieser einen oder möglicherweise auch in den unterschiedlichen Farben, die auftauchen.

Pause ca. 30 sec.

Zum Abschluss frage noch, was für dich in deinem Alltag zu tun ist, um möglicherweise eine schlechte, dir schadende Gewohnheit loszuwerden. Stelle auch die Frage, worauf du achten sollst, um deinen Gesundheitszustand zu erhalten und vielleicht auch danach, welche Menschen deiner Umgebung dich nähren und welche dich schwächen. Stelle diese Fragen und vertraue jeweils der ersten Antwort, die in dir auftaucht, ohne jegliche Bewertung.

Pause ca. 50 sec.

Nun sei bereit, dich von dort zu verabschieden und auch von deinem Heiler oder deiner Heilerin, mit dem Wissen, dass du dich jederzeit mit ihr oder ihm verbinden kannst, wenn du Unterstützung brauchst.

In deinem höchsten Bewusstsein ist all dein Wissen bereits da.

Du brauchst nur zu vertrauen, dass du jederzeit zur Quelle deiner inneren Weisheit gehen kannst.

Nun verabschiede dich gut und atme noch ein paar Mal tief ein und aus.

Ich werde dich nun zurückbegleiten, indem ich von 1–5 zähle und du bei 5 wieder vollkommen erfrischt und gestärkt in deiner Alltagsrealität angekommen bist.

Musik weg oder Wechsel in etwas kraftvollere Klänge

Stimme wird lauter und direkter:

1 – deine Arme und Beine werden wieder frei und locker, jede Schwere fällt von dir ab

2 – ein Lächeln erscheint auf deinem Gesicht und deine Gesichtsmuskulatur nimmt ihren normalen Muskeltonus an

3 – du nimmst ein paar kraftvolle Atemzüge und spürst deinen Körper ganz bewusst auf deiner Unterlage

4 – strecke und rekle dich, dehne dich und gähne

5 – du kehrst nun gestärkt und kraftvoll hierher zurück – öffne deine Augen, blicke um dich und nimm noch ein paar tiefe Atemzüge, bevor du ganz im Hier und Jetzt auftauchst.

Herzlich willkommen zurück in deiner Welt!

2) Eine Reise zum Platz meines Schmerzes

Ruhige Entspannungsmusik

Wenn du immer wieder an Schmerzen leidest, ist es unbedingt notwendig, diese durch eine ärztliche Diagnose abklären zu lassen und möglicherweise auch eine Schmerztherapie zu veranlassen. Bei chronischen Schmerzen kann diese Reise eine gewisse Linderung ermöglichen, bei akuten Schmerzen kann auch die Möglichkeit vollkommener Auflösung gegeben sein.

Diese Reise soll dir dazu verhelfen, dich bewusst mit deinem Schmerz oder deinen Schmerzen auseinanderzusetzen und diesen oder diese einfach zu beobachten und wenn du dafür bereit bist, sie auch wieder ziehen zu lassen oder zumindest große Erleichterung zu erfahren, indem du deinen Schmerz einfach akzeptierst und zugleich auch in gewissem Maße fähig bist, loszulassen.

Lege dich entspannt hin und decke dich eventuell mit einer warmen Decke zu, um zu verhindern, dass dein Körper abkühlt und sich damit wieder dein Verstand in den Vordergrund drängt.

Du beginnst dich voll und ganz auf deinen Atem zu konzentrieren.

Deine Augen werden nun ganz schwer. Deine Augen sind ganz schwer, so schwer, dass sie gleich zufallen.

Nun schließe deine Augen und atme tief ein und aus. Deine Augen sind jetzt fest geschlossen und bleiben es während der gesamten Zeit deiner Reise. Deine Augen können sich vollkommen entspannen.

Atme weiter tief ein und aus, ganz tief ein und aus, atme fünf bis sechs Atemzüge in deinem Tempo tief ein und aus.

Pause ca. 45 sec.

Mit jedem weiteren Atemzug entspannt sich dein Körper mehr und mehr. Stell dir vor, wie mit jedem Ausatmen Spannung und Belastung aus deinem Körper strömen und mit jedem Einatmen Ruhe und Gelassenheit dein gesamtes Wesen erfüllen.

Während du immer noch tief weiter atmest, hörst du bloß den Klang meiner Stimme und der sanften Musik im Hintergrund, alle Geräusche, die du sonst noch wahrnimmst, sind vollkommen bedeutungslos – jedes Geräusch, das du von außen vernimmst, lässt dich noch ein Stück tiefer in deine Ruhe und vollkommene Entspannung sinken.

Dir wird bewusst, dass hinter all den Geräuschen tiefe friedvolle Stille herrscht, jene Stille, die du immer und jederzeit im größten Trubel erleben kannst, jene Stille, die allem innewohnt. Verbinde dich ganz intensiv mit dieser Stille in dir und werde selbst ganz still.

Nichts anderes ist nun erlebbar als tiefe innere und äußere Stille.

Du fühlst dich unendlich wohl und vollkommen geborgen.

Ruhig und gleichmäßig geht jetzt deine Atmung. Mit jedem Atemzug lässt du dich immer tiefer und tiefer sinken. Die Stille erfasst nun deinen gesamten Körper, der immer schwerer und schwerer wird. Deine Arme und Beine werden immer schwerer und schwerer, ganz schwer sinken diese in die Unterlage hinein. Alle deine Gesichtsmuskeln werden vollkommen entspannt und in deinem Kopf herrscht unendliche Stille.

Deine Gedanken lässt du vorbeiziehen, so wie die Wolken am Himmel an dir vorbeiziehen, wenn du auf einer schönen Wiese liegst und in den Himmel blickst.

Ich werde nun ganz langsam von 5 bis 1 zählen und wenn ich bei 1 angelangt bin, befindest du dich

An einem Platz, der dir ermöglicht, dich vollkommen und ganz mit deinem Schmerz auseinanderzusetzen, an einem Platz, der dich sicher und geborgen sein lässt.

5 – mit jedem Atemzug entspannst du dich noch ein Stück tiefer in diesen angenehmen Zustand der Ruhe und Gelassenheit

4 – immer mehr entfernt sich dein Geist von deinem Körper, während du tiefe Ruhe erlebst

3 – du atmest ein und aus und genießt die Stille in dir und um dich

2 – dein Körper bleibt vollkommen geschützt auf deiner Unterlage zurück, während dein Geist nun frei ist, überall hin zu schweben

1 – nun befindest du dich

An einem geschützten Platz, an dem du bereit bist, dich ganz auf deinen Schmerz einzulassen.

Sieh dich genau um.

Was nimmst du wahr, wo befindest du dich jetzt?

Schau dich ganz genau um und nimm alles wahr, was du siehst.

Atme auch die Gerüche deiner Umgebung ein...

Lausche den Klängen, die du an diesem Ort hörst...

Wenn du dich an diesem Ort wohlfühlst, so verweile und suche dir einen Platz, an dem du dich hinlegen kannst, um dich mit deinem Inneren ganz tief zu verbinden.

Wenn du dich nicht an einem für dich richtigen Ort befindest, lass es JETZT geschehen, dich unmittelbar an einen anderen Ort zu begeben, der für dich der richtige ist!

Pause ca. 15 sec.

Nun sei bereit, dich deinem Schmerz zu stellen.

Lenke deine Aufmerksamkeit so vollkommen auf den Bereich deines Körpers, der mit Schmerz erfüllt ist, sodass du dich auch wirklich auf ihn einlassen kannst.

Geh zuerst dorthin, wo dein größter Schmerz fühlbar ist.

Welche Intensität hat er auf einer Skala von 1–10?

Ist es ein stechender, ein dumpfer, ein pochender Schmerz?

Wenn er eine Form hätte, wie sähe diese aus?

Wenn er eine Farbe hätte, welche wäre es?

Wenn du ihn mit einem Größenmaß beschreiben müsstest, wie groß ist der Schmerz dann?

Schau ganz genau hin und beobachte ihn – seine Größe, seine Form, seine Farbe, bleib ganz ruhig in deiner Atmung und beobachte ihn, ohne etwas tun zu müssen.

Pause ca. 15 sec.

Wenn du deinen Schmerz auf diese Weise beobachtest, achte darauf, ob sich irgendetwas verändert, während du ganz ruhig atmend nur beobachtest.

Pause ca. 15 sec.

Nun stell deinem Schmerz eine Frage und achte auf die erste Antwort, die in deinem Inneren auftaucht:

Bitte sag mir, wofür du mir dienst?

Achte ganz genau, wie die Antwort lautet und nimm sie an, ohne sie zu bewerten.

Bedanke dich nun bei ihm, dass er dir diesen Dienst erwiesen hat.

Vielleicht hast du durch ihn mehr Zuwendung bekommen, mehr Liebe, mehr Aufmerksamkeit, vielleicht wollte er dir dabei helfen, etwas nicht tun zu müssen, wenn du ihn hast. Möglicherweise wollte er dich vor etwas beschützen ...

Nun beobachte weiter, ob sich dein Schmerz verändert, seine Intensität, seine Form, seine Größe, seine Farbe ...

Beobachte ihn einfach weiter, ohne Widerstand gegen ihn zu leisten und schau genau hin, was passiert.

Pause ca. 15 sec.

Nun denke zurück an eine Situation in deinem Leben, in der du dich so vollkommen unbeschwert und schmerzfrei gefühlt hast. Lasse dich vollkommen in diese Situation ein und schau genau, wo du dich jetzt befindest, wer mit dir ist, wie es sich anfühlt, an diesem Platz mit diesem anderen Menschen oder auch alleine zu sein. Was hörst du in dieser Situation – Musik oder Naturgeräusche, Menschenstimmen? Was auch immer du hörst, lausche genau! Wie riecht diese Umgebung, die Person, die mit dir ist? Und was geschieht gerade in diesem Moment. Erfasse diese Situation voll und ganz mit allen deinen Sinnen und spüre in deinen Körper hinein. Atme tief und ruhig und genieße den Zustand, in dem du dich so leicht und schmerzfrei fühlst.

Pause ca. 45 sec.

Atme tief und ruhig weiter und nimm diese Erinnerung so intensiv mit, dass du sie wieder sofort abrufen kannst. Drücke nun drei Mal etwas fester eine Zone deines Körpers, die sich in der Nähe deines Schmerzbereiches befindet und verankere damit gut deine Erinnerung an jene schöne und schmerzfreie Situation.

Drücke drei Mal mit ein oder zwei Fingern auf diese Körperstelle und atme tief ein.

Pause ca. 30 sec. wenn vorhanden Klangschalen anschlagen

Nun nimm wieder ganz deinen Körper wahr und fühle erneut zum Platz deines ursprünglichen Schmerzes. Wie würdest du ihn jetzt auf einer Skala von 1–10 einstufen? Wie ist jetzt seine Größe? Welche Form hat er und welche Farbe? Wie ist seine Intensität?

Nimm auch jetzt alle Veränderungen wahr, ohne sie zu bewerten.

Wenn es dir gelungen ist, deinen Schmerz zu verringern oder sogar ganz loszulassen, genieße diesen Moment und atme tief in dich hinein. Wenn dir keine wesentliche Veränderung gelungen ist, lasse auch diesen Zustand einfach beobachtend sein und sei dir bewusst, dass es dir möglicherweise beim nächsten Mal gelingen wird. Es gibt nichts, was du schaffen oder erreichen musst.

Wenn du in Zukunft wieder irgendwo Schmerzen wahrnimmst, drücke unmittelbar in der Nähe drei Mal mit ein oder zwei Fingern und lass dich wieder, so gut es dir möglich ist, in die Erinnerung deiner unbeschwerten Situation fallen. Mache dasselbe auch mit schwächeren Schmerzen und beobachte immer, was dabei geschieht.

Atme noch einmal tief dorthin, wo du jetzt Erleichterung wahrnehmen kannst und lege deine Hände auf die Stelle. Stell dir nun vor, wie heilende Energie über deine Handflächen dort hinein strömt. Vielleicht taucht eine Farbe auf, die gerade benötigt wird. Lass diese Farbe hineinfließen ... wenn keine auftaucht, sende reines weißes oder goldenes Licht durch deine Handflächen in deinen Körper und atme tief und ganz ruhig.

Pause ca. 30 sec.

Sei nun langsam bereit, dich von diesem heilenden Ort zu verabschieden. Bevor du dies jedoch tust, bitte ich dich, dich dort aufzusetzen und dir vorzustellen, wie ein kleines Lagerfeuer vor dir zu brennen beginnt. Nun spüre nochmals in deinen Körper hinein und fühle, wie er sich anfühlt. Wenn du noch Schmerzen wahrnimmst, schau hin, in welcher Größe, welcher Form und welcher Farbe du sie siehst. Nun nimm dieses Gebilde und wiege es in deinen beiden Händen, bedanke dich bei deinen Schmerzen für das, was sie dir vermitteln wollten oder für den Umstand, dass sie dich möglicherweise von etwas abhalten wollten, was dir nicht gut getan hätte. Bedanke dich und sage, dass du sie jetzt nicht mehr benötigst, um zu erkennen, was für dich zu deinem Besten ist und übergib sie achtsam dem Feuer. Sieh zu, wie alles darin verbrennt und bitte darum, dass diese Energie nun gereinigt und transformiert zu dir zurückkehrt, um etwas Kreatives daraus zu gestalten.

Möglicherweise siehst du etwas – ein Symbol – das dir dafür übergeben wird.

Nimm es dankbar an und erinnere dich daran, wenn du wieder irgendwann Schmerzen wahrnimmst.

Ich werde dich jetzt gleich wieder wecken und bis 5 zählen.

Bei 5 bist du wieder hellwach, frisch und munter. Jede Müdigkeit und auch Schwere ist dann aus deinem Körper geschwunden und dir wird die Möglichkeit gegeben sein, diese tiefe, allem innewohnende Stille, die dich schon zuvor umhüllt hat, mit in deinen Alltag zu nehmen, um dich in Momenten, in denen dir all der Lärm um dich zu viel wird, an sie zu erinnern.

1 – du beginnst langsam zu erwachen

2 – jede Schwere und Müdigkeit schwindet – du wirst immer munterer und erfrischter

3 – dein ganzer Körper ist wieder leicht und frei und eine unbeschreiblich unbeschwerte Stille erfüllt dein ganzes Wesen

4 – dein Kopf ist frei und klar. Jede Müdigkeit und Schwere ist jetzt aus deinem Körper geschwunden – du fühlst dich energieladen und kraftvoll

5 – du bist jetzt wieder hellwach, frisch und munter. Du fühlst dich wohl, entspannt und ausgeruht – schmerzfrei oder um vieles erleichtert.

Herzlich willkommen zurück in deiner Welt!

3) Progressive Muskelentspannung nach „Jacobson"

Ruhige Entspannungsmusik oder Stille im Hintergrund

Verspannte Muskulatur und innere Unruhe gehen sehr oft konform mit Ängsten und Belastungen. Edmund Jacobson, der Begründer der Progressiven Muskelentspannung und des Biofeedback, erkannte einen Zusammenhang zwischen übermäßiger muskulöser Anspannung und unterschiedlichen körperlichen und seelischen Erkrankungen. Er stellte fest, dass Spannung und Anstrengung immer mit einer Verkürzung der Muskelfasern einhergehen. Demzufolge erkannte er die Entspannung als das genaue Gegenteil von Erregungszuständen. Des Weiteren fand er heraus, dass eine Reduktion des Muskeltonus die Aktivität des Zentralen Nervensystems herabsetzt und die daraus folgende Entspannung sich als allgemeines Heilmittel für psychosomatische Störungen und zur Prophylaxe eignet.

Mach es dir bequem, indem du dich hinlegst, möglicherweise mit einer Decke zudeckst und dich in den nächsten 20 Minuten nicht stören lässt.

Entspanne dich nun, so gut es dir im Moment gelingt und sei ganz bei dir.

Fühle dich geborgen und eins mit dem Kosmos.

Stelle dir deinen Körper ganz genau vor und entspanne von den Füßen bis zum Kopf.

Du beginnst dich voll und ganz auf deinen Atem zu konzentrieren.

Deine Augen werden nun ganz schwer. Deine Augen sind ganz schwer, so schwer, dass sie gleich zufallen. Nun schließe deine Augen und atme tief ein und aus. Deine Augen sind jetzt fest geschlossen und bleiben es während der gesamten Zeit deiner Reise. Deine Augen können sich vollkommen entspannen.

Atme weiter tief ein und aus, ganz tief ein und aus, atme fünf bis sechs Atemzüge in deinem Tempo tief ein und aus.

Pause ca. 45 sec.

Mit jedem weiteren Atemzug entspannt sich dein Körper mehr und mehr. Stell dir vor, wie mit jedem Ausatmen Spannung und Belastung aus deinem Körper strömen und mit jedem Einatmen Ruhe und Gelassenheit dein gesamtes Wesen erfüllen.

Ich werde dich durch deine einzelnen Körperregionen führen, damit du alle deine Muskelgruppen von der Spannung in die Entspannung bringen kannst.

Nimm deine Unterlage gut wahr und deine Position auf dieser.

Lenke deine Aufmerksamkeit langsam und tief atmend von deinen Füßen weiter durch deine Beine, deine Gesäß hinauf über deine Wirbelsäule und hinein in deinen Kopf. Spüre weiter über deine Schultern hinein in deine Arme zu deinen Fingern und wieder hinauf zu deinem Brustkorb, hinunter über deinen Bauchraum und lasse nun dein Bewusstsein in deine Mitte sinken. Stell dir vor, wie ein Steinchen in einen spiegelglatten See geworfen wird und ganz langsam zu Boden sinkt. So lasse nun dein Bewusstsein ruhig und langsam in deine Mitte sinken.

Pause 10 sec.

Ich werde nun mit dir durch deine einzelnen Körperbereiche gehen und deine Muskelgruppen von der Anspannung in die Entspannung begleiten.

Wann immer ich JETZT sage, spannst du die jeweilige Muskelgruppe fest an, jedoch immer nur so fest, dass du dich nicht verkrampfst, und lässt dann wieder los, wenn ich LOSLASSEN ausspreche.

Jede Muskelgruppe wird etwa 10 Sekunden angespannt, um danach 30 Sekunden zu entspannen.

Nimm deine Hände wahr, wie sie sich anfühlen. Sind sie warm oder kühl, locker oder angespannt? Richte nun deine Aufmerksamkeit zu deiner dominanten Hand und mache eine Faust – spanne JETZT fest an, ganz fest, immer fester ohne zu verkrampfen….nimm deinen Unterarm wahr und bleibe in der Anspannung … **5 sec** … Loslassen!

Lass ganz los und entspanne deine Hand. Wie fühlt sie sich im Vergleich zur anderen an? Genieße die Lockerung deiner Finger und der ganzen Hand, lass sie ganz locker und atme Entspannung dorthin … **15 sec** …

Nun konzentriere dich auf deine andere Hand. Balle auch diese zu einer Faust – spanne JETZT fest an, ganz fest, immer fester ohne zu verkrampfen….nimm deinen

Unterarm wahr und bleibe in der Anspannung ... **5 sec**
... Loslassen!

Lass ganz los und entspanne auch diese Hand. Wie fühlt sie sich jetzt im Vergleich zur anderen an? Genieße die Lockerung deiner Finger und der ganzen Hand, lass sie ganz locker und atme Entspannung in beide Hände ... **15 sec** ...

Nun beuge beide Arme, lass deine Hände dabei locker und konzentriere dich auf deine Oberarme – auf deinen Bizeps. Spanne diesen JETZT an und genieße die Kraft in deinen Oberarmen – fest anspannen ... **5 sec** ... Loslassen, fallen lassen und entspannen.

Nimm wahr, wie deine Arme locker auf der Unterlage aufliegen und genieße die Ruhe und Entspannung. Atme dich noch tiefer in diese Entspannung ... **15 sec** ...

Deine Aufmerksamkeit geht nun zu deinen Streckmuskeln an der Rückseite deiner Oberarme. Deine Handflächen sind nach oben gerichtet und du spannst deine Streckmuskeln ganz fest an – JETZT – spüre die Anspannung die ganze Armlänge nach unten und spanne an ... **5 sec** ... Loslassen!

Genieße die Entspannung und die Lockerung deiner beiden Arme. Atme hin und entspanne dich noch tiefer ... **15 sec** ...

Mach dir nun deine Schultern bewusst – hier trägst du alle deine Altlasten, deine Ängste und Unsicherheiten. Du spannst sie an, indem du beide Schultern Richtung Ohren hochziehst – JETZT – zieh sie ganz hoch, aber verkrampfe nicht, anspannen und bleiben ... **5 sec** ... Loslassen!

Lass deine Schultern so ganz los und lass locker. Atme hin und mit dem Ausatmen lasse deine Verkrampfungen und alle das los, was dir im Moment möglich ist. Atme ruhig und entspannt ...**15 sec** ...

Deine Aufmerksamkeit geht zu deinem Gesicht – hier sind immer wieder viele Verspannungen. Du stellst dir vor, alle Gesichtsmuskeln extrem anzuspannen – die Stirn legst du in Falten, die Augen und den Mund presst du fest zusammen und dein ganzes Gesicht ziehst du – wie eine runzlige Rosine – fest zusammen – JETZT – lass es zu, ein ganz hässliches Gesicht zu machen – niemand beobachtet dich – spanne fest an ... **5 sec** .. und lasse los – Loslassen!

Genieße, alles im Gesicht auszulassen, nimm deine Stirn wahr, wie sie immer glatter und entspannter wird, deine Kiefermuskulatur – öffne nochmals den Mund und lass dann bewusst den Unterkiefer ganz los, ganz locker – dein Gesicht ist vollkommen glatt ... **15 sec** ...

Geh nach hinten zu deinem Nacken – wie fühlt er sich an? Diesen spannst du nun an, indem du deinen Kopf bewusst und fest nach hinten unten in die Unterlage drückst und den Nacken nach hinten beugst – JETZT – fester und anspannen ... spüre deine Nackenmuskulatur auf beiden Seiten ... **5 sec** ... und Loslassen!

Lass deinen Nacken wieder ganz entspannt in die Unterlage sinken, atme hin und gib all die Spannung in die Unterlage ab – entspanne und atme ... **15 sec** ...

Nun gehe mit deiner Aufmerksamkeit zu deinem Rücken – nimm deine Rückenmuskulatur entlang deiner Wirbelsäule wahr und konzentriere dich darauf, die gesamte Muskulatur fest anzuspannen. Es geschieht, indem du deine Schulterblätter nach hinten Richtung Wirbelsäule zusammenziehst und sich dabei dein Brustkorb anhebt. Gehe in die Anspannung – JETZT – zieh die beiden Flügel deiner Schulterblätter fest zueinander und bleibe ... **5 sec** ... Loslassen!

Lass dich wieder locker in die Unterlage fallen und spüre hin. Wie fühlt sich dein gesamter Rücken jetzt an – sinke noch tiefer und lockerer in deine Unterlage und genieße mit tiefen Atemzügen ... **15 sec** ...

Fühle in deinen Brustkorb und Bauchraum hinein und sei bereit, deine Bauchmuskulatur fest anzuspannen, ganz fest, indem du deinen Bauch nach außen wölbst oder nach innen ziehst. Spanne deine Bauchmuskeln an – JETZT – bleib in der Anspannung und spüre die Kraft deiner Muskulatur ... **5 sec** ... Loslassen!

Lasse deinen Bauch ganz locker werden, ganz weich und entspannt und atme tief und ruhig in deinen Brustkorb und Bauchraum hinein ...**15 sec** ...

Nun gehe mit deiner Aufmerksamkeit zu deinem Gesäß und deinen Genitalien – wie fühlt es sich dort an? Wie sehr kannst du diesen Bereich deines Körpers genießen?

Ich bitte dich nun, dich sowohl auf deinen Beckenboden als auch auf deine Gesäßmuskeln zu konzentrieren und beim Einatmen die Beckenbodenmuskulatur anzuspannen, beim Ausatmen wieder locker zu lassen. Geh mit deiner gesamten Aufmerksamkeit zu deiner

Mitte und spanne bewusst fest an – sowohl deinen Beckenboden, als auch dein Gesäß, kneife alles fest zusammen – spanne an – JETZT – und atme nur in den Brustkorb, halte die Spannung aufrecht ... **5 sec** ... Loslassen!

Lass deine Muskulatur ganz locker und durch deinen Atem alles nach außen strömen, was du möglicherweise in diesem Bereich festgehalten hast. Genieße jetzt die Lockerung von deinem Gesäß und deiner Vaginalmuskulatur beziehungsweise deines Perineums. Atme dich tief in die Entspannung ... **15 sec** ...

Nun gehe zu deinen Oberschenkeln und sei bereit, auch diese Muskulatur ganz fest anzuspannen, indem du dein Gesäß und die Oberschenkel fest in die Unterlage presst. Spanne an – JETZT – spüre die muskuläre Kraft deiner Schenkel und bleibe ... 5 sec ... Loslassen!

Lass dich wieder locker in die Unterlage fallen und spüre die Lockerung von Gesäß und Oberschenkeln ... **15 sec** ...

Deine Aufmerksamkeit geht zu deinen Unterschenkeln, zu deinen Waden, die du anspannst, indem du deine Fußschaufeln Richtung Gesicht aufstellst und dabei die Spannung aufbaust, ohne deine Wadenmuskulatur zu verkrampfen. Ziehe deine Fußschaufeln nach oben und baue die Spannung zwischen Schienbein und Wadenbein auf – JETZT – spanne gut an aber verkrampfe nicht ... **5 sec** ... Loslassen!

Lass alles ganz locker, deine gesamten Beine liegen locker und entspannt auf der Unterlage – lass auch deine

Füße locker nach außen fallen und genieße dieses angenehme Gefühl ... **15 sec** ...

Zum Abschluss gehst du mit deiner Konzentration zu deinen Füßen und lässt deine Fußmuskeln in die Spannung kommen, indem du deine Zehen nach unten wölbst – auch hier achte gut darauf, nicht zu verkrampfen. Spanne JETZT an, aber verkrampfe nicht – spüre die Muskeln in deinen Füssen ... **5 sec** ... und Loslassen! Fallen lassen und lockern!

Schüttle deine Beine und Füße nochmals locker durch und lasse dich noch ein wenig tiefer in diese angenehme Entspannung deiner unterschiedlichen Muskelgruppen fallen!

Gehe nun noch einmal von den Füßen bis zum Kopf alle deine Körperteile durch, indem du tief und entspannt ein- und ausatmest. Vertiefe bewusst deine Entspannung und genieße die in dir innewohnende Ruhe und Stille – bleib noch mit deiner Aufmerksamkeit so ganz bei deinem Körper und atme.

Pause ca. 1 min.

Ich werde dich nun zurückbegleiten, indem ich von 1–5 zähle und du bei 5 wieder vollkommen entspannt, erfrischt und gestärkt in deiner Alltagsrealität angekommen bist.

1 – deine Arme und Beine werden immer freier und lockerer

2 – ein Lächeln erscheint auf deinem Gesicht

3 – du nimmst ein paar kraftvolle Atemzüge und spürst deinen Körper ganz bewusst auf deiner Unterlage

4 – strecke und rekle dich, dehne dich und gähne

5 – du kehrst nun gestärkt und kraftvoll hierher zurück – öffne deine Augen, blicke um dich und nimm noch ein paar tiefe Atemzüge, bevor du ganz im Hier und Jetzt auftauchst.

Genieße dein vollkommen entspanntes Sein im Moment.

TEIL 2

ENTSPANNUNG DES GEISTES

Eine magische Begegnung

Alma Luz, die schon bei ihrer Geburt begonnen hat, ihren Auftrag auf unserem Planeten zu erfüllen, reist bereits seit einigen Jahren mit ihren Eltern durch viele Länder der verschiedenen Kontinente und Regionen, um Menschen zu bewegen und all jenen, die sie im Herzen zu berühren vermag, ihre Botschaft zu vermitteln. Sie ist eine Botschafterin, die Frieden und Liebe in ihrem Umfeld verbreitet. Sie vermag es durch ihr bloßes Sein und bedarf dabei zumeist keiner Worte.

Die Familie hatte sich vor langer Zeit mit einem kleinen umgebauten Reisebus von Lima aufgemacht, kurz nachdem Alma Luz ihren dritten Geburtstag gefeiert hatte. Schon damals wusste dieses kleine weise Wesen, dass sie weiterziehen sollte, nachdem sie in der eigenen Umgebung – in den Slums ihrer Heimatstadt – bereits vielen Menschen Heilung und Bewusstseinsveränderung ermöglichen konnte. Ihre ältere Schwester und ihr Bruder sind an Plätzen, die sie besucht haben, zurückgeblieben, um auch in den Vereinigten Staaten und Australien zu helfen, die Angst und Verzweiflung gar vieler Menschen zu vermindern, indem sie das Licht der Liebe zum Erstrahlen bringen.

Seit zwei Monaten bereisen sie Europa, um heute an der andalusischen Küste Alma Luz' 16. Geburtstag im Kreise vieler Menschen zu feiern, die von ihrer Ankunft gehört haben und von ihrem Wesen berührt werden wollen.

Auf Einladung einer reichen Unternehmerfamilie haben sie ihren Reisebus am Rande eines Pinienwaldes geparkt und verbringen ihre Zeit auf dem weitläufigen Grundstück der Familie Rodriguez, die auch ein Überraschungsfest für den Geburtstag von Alma Luz vorbereitet hat. Es ist ein rauschendes Fest, bei dem ungefähr 200 Menschen erscheinen, da auch die geladenen Gäste viele ihrer Freunde mitgenommen haben, um dieser besonderen Seele begegnen zu dürfen. Scheu und bescheiden, doch sehr ungewöhnlich und heute auch ein wenig verwirrt und verunsichert steht das strahlende Mädchen im Kreise dieser Gesellschaft und berührt jeden, der sich in ihr Feld begibt, als Frau Rodriguez zu ihr kommt, um sie zu bitten, sie kurz zu begleiten, weil ihr Sohn David Isaias sie darum gebeten habe, Alma Luz abseits all des Rummels begegnen zu dürfen. Achtsam entschuldigt sich das Mädchen bei den um sie stehenden Menschen und verspricht, bald wieder zu kommen. Am Weg erzählt ihre Gastgeberin, dass ihr Sohn als 9-Jähriger eine von niemandem diagnostizierbare Krankheit durchgemacht hat, die ihm innerhalb von wenigen Wochen das Augenlicht und teilweise auch sein Gehör genommen hat. Seit damals sei er ein gar schüchterner und zurückgezogener Junge geworden, der es eher vermeidet, mit anderen Menschen zu kommunizieren und beinahe autistisch zu sein scheint. Er bevorzugt es, in seiner eigenen Welt zu leben, auch wenn er in der Schule einer der besten Schüler ist und besonders im künstlerisch-gestaltenden Bereich trotz seiner Erblindung ungewöhnlich schöne Skulpturen und Bilder erschafft. Er behauptet, Farben riechen zu können und Formen zu erspüren. Niemand kann verstehen, wie es ihm möglich ist, plastische Bilder in einer derartigen Perfektion zu gestalten. Was ihm jedoch große Angst macht, sind zu viele Menschen in seiner Umgebung. Schon als kleiner Junge hat er sich bei gewissen Geräuschen und Stimmen der Menschen um ihn ängstlich verkrochen und ist oftmals erst wieder in der Dämmerung und der einkehrenden Ruhe und Stille der Nacht aus seinem Versteck aufgetaucht. Bereits damals hatte er in der Natur die schönsten Kunstwerke geschaffen, um sie bald darauf wieder zu zerstören. Erst durch seine Erblindung begann er sich auch mit Malerei und Bildhauerei zu beschäftigen. Mit 11 Jahren brachten sie ihn zur Förderung seines außergewöhnlichen Talents nach Sevilla, wo er in einer Kunstschule mit angeschlossenem Internat untergebracht wurde. Dort hat er jetzt noch ein letztes Schuljahr zu absolvieren, um anschließend sein Abschlussdiplom im künstlerischen Bereich zu bekommen. Heute haben seine Herbstferien begonnen und als er gestern Abend nach Hause gekommen war, meinte er bei Betreten des Hauses unvermittelt, dass er etwas Besonderes spüre und rieche und er plötzlich Farben zu sehen glaubte. Seine Mutter habe ihm nichts von der Ankunft von Alma Luz erzählt, weil er schon lange nicht mehr bereit war, noch irgendjemanden an sich heran zu lassen, der ihm vermeintlich Heilung oder Hilfe bringen könnte. Auch die Feier seiner Eltern interessierte ihn in keiner Weise. Er hatte nicht einmal gefragt, wofür sie stattfinde. Unmittelbar nach seinem Heimkommen hatte er sich in sein Gartenhaus, in dem sie ihm ein Schlafzimmer und auch ein kleines Atelier eingerichtet haben, zurückgezogen, mit der Bitte, nicht gestört zu werden.

Sein Häuschen befindet sich im hintersten Teil des Gartens, nahe beim Strand, da er ausschließlich von Naturgeräuschen umgeben sein möchte. Nun hat er jedoch vor einer halben Stunde nach seiner Mutter geläutet, um sie zu bitten, zu ihm zu kommen. Sie hatte ihn ganz aufgeregt und auch ängstlich erschüttert vorgefunden. Als sie seinen Raum betreten hatte, bat er sie unverzüglich, ihm zu sagen, wer hier sei. Er könne vor Schwindel kaum noch klar denken und der Farbenwirbel in seinem Kopf würde ihn verrückt machen, außerdem vernehme er seit seiner Ankunft einen sphärischen Klang in seinem rechten, dem beinahe ganz tauben Ohr, der ihn noch mehr verunsichere. Seine Mutter fragte bloß, ob er bereit wäre, ein Mädchen, das vor drei Tagen mit seinen Eltern auf Besuch gekommen sei und heute Geburtstag habe, zu empfangen. Sie hieße Alma Luz und sei soeben auf einer Rundreise durch Spanien. Als er diesen Namen vernahm, begann sein Körper zu zittern und der Klang in seinem Ohr sich um ein Vielfaches zu verstärken. Etwas verunsichert erklärte er sich dazu bereit.

Er versteht nicht, was ihn derartig aus seiner Ruhe bringt und wartet nun angespannt auf das Mädchen, das seine Mutter zu ihm bringen würde.

Auch Alma Luz bemerkt am Weg durch den weitläufigen Garten eine zunehmende Unruhe in ihrem Inneren und ein ganz ungewöhnliches Herzklopfen je näher sie zu dem kleinen Haus, das sie nun schon erblicken kann, kommen.

Beim Betreten des Hauses scheint ein ungewöhnliches Beben den Raum zu erfassen, das sogar Frau Rodriguez wahrnehmen kann und in ihr eine plötzliche Vorahnung auslöst. Sie verabschiedet sich unversehens und beinahe wortlos von Alma Luz im Vorraum und meint, es wäre besser, wenn sie ihrem Sohn alleine begegnen würde.

Als das Mädchen über die Schwelle tritt, erstarrt sie beim Anblick dieses schönen hochgewachsenen jungen Mannes und David Isaias, der nur ein vages Geräusch von der Türe kommend vernimmt, fällt in dem Moment, in dem er sich erheben will, zurück auf seinen Stuhl und unvermutet in eine Trance, in der er zu sprechen beginnt. Alma Luz kennt diese Sprache nicht und versteht doch jedes Wort: „Geliebte, die du mir hier an diesem Platz vor ewigen Zeiten genommen wurdest, kehrst nun zurück, um mich erneut zu finden. Wie lange ich auf dich gewartet habe, seit lang vergangenen Zeiten, die doch dem Hauch der Ewigkeit nicht unterliegen. Ich wusste schon immer, dass du einst wiederkehren würdest, um unser Werk zu vollenden, das wir zu Anbeginn der Zeit begonnen haben. Geliebte Alma, du reine weise Seele, du bist mein Leben, meine Hoffnung, mein Sonnenstrahl, der endlich wieder Licht in meine Welt der Dunkelheit zu bringen vermag, das Licht, das ich nicht mehr erleben durfte, um meine Sinne zu schärfen, die mich dich wiedererkennen lassen. Dein Licht, geliebte Luz, hat mich im Inneren sehend werden lassen. Ich habe dich bereits gemalt und sah doch nicht, wer du denn wirklich bist. Ich habe immer auf dich gewartet und heute den Klang deiner Seele erneut vernommen. Nun bist du hier. Ich danke Gott für unsere unendlich lang ersehnte Wiedervereinigung. Ich habe auf dich gewartet durch Raum und Zeit. Alma Luz, bist du bereit, den Weg mit mir gemeinsam fortzuschreiten, den wir vor Äonen begonnen haben zu gehen?"

Alma Luz ist zutiefst erschüttert und berührt. Tränen fließen über ihre Wangen, während sie beinahe schwebend auf David Isaias zugeht, um ihn zu umarmen. Wie von magischer Kraft gezogen, erhebt er sich immer noch im Zustand der Trance und öffnet seine Arme, um sie in Empfang zu nehmen. Sie sinken ineinander wie zwei Ertrinkende, die Halt aneinander gefunden haben, um gemeinsam wieder aus den Fluten aufzutauchen.

Die beiden Seelen erkennen einander sofort und wissen, dass sie bald gemeinsam weiterziehen würden. Zuvor will Alma Luz mit ihren Eltern noch einige Länder Europas bereisen, während David Isaias, der in der kurzen Zeit ihres Beisammenseins langsam sein Augenlicht zurückzubekommen scheint und sich mehr und mehr von seinen Ängsten verabschieden kann, seinen Schulabschluss machen darf.

Sie wissen, sie gehören zueinander – seit ewigen Zeiten und für immer. Welch eine Rolle spielt da die Zeit von wenigen Monaten, bis sie einander wiedersehen werden?

In der Nacht vor Alma Luz' Weiterreise treffen sie sich an ihrem besonderen Platz am Strand, um dort umgeben von allen Wesenheiten, die mit ihnen sind, ihre *mystische Hochzeit* zu vollziehen, in einem Ritual, das sie letztendlich in einer *alchimischen Vereinigung* verschmelzen lässt und ihre Herzen erneut für immer verbindet …

4) Eine Reise zu meinen Ängsten

Ich verwende in dieser Reise ein hawaiianisches Ritual und empfehle hier eine CD oder von Youtube ein Stück mit dem Ho'oponopono und eventuell eine sanfte hawaiianische Untermalungsmusik, falls vorhanden.

Sonst ruhige Entspannungsmusik

Was bedeutet die Wortsilbe **Ho'oponopono**?

Die Wortsilbe Ho'o enthält die Bedeutung „etwas tun", pono bedeutet „etwas ausgleichen", in „Harmonie bringen" und „etwas korrigieren", die Verdopplung der Silben, ponopono führt auf eine intensivere Vorgehensweise hin, somit hin zur „Vollkommenheit".

So lässt sich Ho'oponopono auch als „der Weg zur Vollkommenheit" oder als Weg „zur Einheit" übersetzen.

Ho'oponopono ist eine sehr effiziente Problemlösungstechnik der heutigen Zeit.

Wenn du immer wieder von Ängsten, welcher Art auch immer, gequält wirst, ist es unbedingt notwendig, diese durch eine ärztliche oder psychotherapeutische Diagnose abklären zu lassen und möglicherweise auch eine Therapie oder medikamentöse Unterstützung zu veranlassen. Bei Ängsten, die immer wieder auftauchen, kann diese Reise eine Hilfe dafür sein, zu erkennen, dass das gefürchtete Ereignis selbst gar nicht eintritt oder niemals so schlimm sein kann, wie es oftmals schon die Angst vor einem Ereignis ist. Bei kleineren und akuten Angstzuständen kann auch die Möglichkeit vollkommener Auflösung der Angst gegeben sein.

Diese innere Reise soll dir dazu verhelfen, dich bewusst mit deiner konkreten Angst oder deinen diffusen Ängsten auseinanderzusetzen und diese einfach nur zu beobachten. Wenn du dafür bereit bist, wird es dir möglich sein, sie auch wieder ziehen zu lassen oder zumindest große Erleichterung zu erfahren, indem du deine Angst einfach annimmst und doch auch in gewissem Maße fähig bist, in der Akzeptanz dessen, was ist, loszulassen.

Lege dich entspannt hin und decke dich eventuell mit einer warmen Decke zu, um zu verhindern, dass dein Körper abkühlt und sich damit wieder dein Verstand in den Vordergrund drängt.

Deine Augen werden schwer. Deine Augen sind ganz schwer, so schwer, dass sie gleich zufallen. Schau auf einen Gegenstand – ganz konzentriert blicke darauf und spüre, wie deine Augenlider immer schwerer und schwerer werden, immer müder und schwerer. Schließe nun deine Augen, wenn sie nicht schon von selbst zugefallen sind und atme tief ein und aus. Deine Augen sind jetzt fest geschlossen und bleiben es während der gesamten Zeit deiner Reise. Deine Augen können sich nun vollkommen entspannen.

Atme weiter tief ein und aus, ganz tief ein und aus, atme fünf bis sechs Atemzüge in deinem Tempo tief ein und aus.

Pause ca. 45 sec.

Begib dich in deinem inneren Bild in einen mit Kerzen erleuchteten Raum und blicke in das warme flackernde Licht dieser vielen Kerzen um dich. Während du auf diese Weise tief ein- und ausatmest, entspannt sich dein Körper mehr und mehr. Stell dir vor, wie mit jedem Ausatmen Spannung und Belastung aus deinem Körper strömen und mit jedem Einatmen Ruhe und Gelassenheit dein gesamtes Wesen erfüllen.

Lass nun das Licht in deinen Körper strömen, all deine Zellen, deine Organe, Knochen und Blutgefäße mit diesem warmen orangefarbenen Licht erfüllen und stell dir vor, dass dieses Licht überallhin strömt und alle Verspannungen in dir auflöst.

Deine Arme und Beine werden vom Licht durchflutet. Das Licht erzeugt ein Kribbeln in deinen Händen und Füßen. Es durchströmt deinen Oberkörper bis hinauf zu deinem Kopf, in dem es deine Gedanken zur Ruhe bringt, sämtliche Verspannungen löst und dich ganz bei dir ankommen lässt – warm und erfüllt. Dein Körper ruht nun in all seiner Schwere auf deiner Unterlage und du sinkst immer tiefer in einen Zustand vollkommener Entspannung.

Ich werde nun ganz langsam von 5 bis 1 zählen und wenn ich bei 1 angelangt bin, befindest du dich

An einem Ort in der Natur, der dir Ruhe und Geborgenheit vermittelt.

5 – mit jedem Atemzug entspannst du dich noch ein Stück tiefer in diesen angenehmen Zustand der Ruhe und Gelassenheit

4 – immer mehr entfernt sich dein Geist von deinem Körper, während du tiefe Ruhe erlebst

3 – du atmest ein und aus und genießt die Stille in dir und um dich

2 – dein Körper bleibt ganz geschützt auf deiner Unterlage zurück, während dein Geist nun frei ist, überall hin zu schweben

1 – nun befindest du dich

An einem wunderbaren Platz in der Natur, der dich ganz sicher und beschützt sein lässt.

Sieh dich genau um.

Was nimmst du wahr, wo befindest du dich jetzt?

Schau dich ganz genau um und nimm alles wahr, was du siehst.

Atme auch die Gerüche deiner Umgebung ein…

Lausche den Klängen, die du an diesem Ort hörst…

Wenn du dich an diesem Ort wohlfühlst, so verweile und suche dir einen Platz, an dem du dich hinlegen kannst, um dich mit deinem Inneren ganz tief zu verbinden.

Wenn du dich nicht an einem für dich richtigen Ort befindest, lass es JETZT geschehen, dich unmittelbar an einen anderen Ort zu begeben, der für dich der richtige ist, um all deinen Gefühlen und Emotionen Raum zu geben.

Pause ca. 15 sec.

Lausche ganz tief in deinen Körper hinein und nimm alle Empfindungen und Gefühle wahr, die jetzt in dir auftauchen.

Denke an die Situation, die dir im Moment Angst macht oder an deine diffusen Ängste, die immer wieder auftauchen. Spüre jene Angst, die dir im Jetzt am meisten blockierend erscheint und gehe ganz tief in dieses Gefühl hinein.

Wie würdest du deine Angst auf einer Werteskala von 1–10 einstufen?

Bezieht sich deine Angst auf eine konkret zu erwartende Situation oder ist sie einfach diffus vorhanden, ohne eine konkrete Vision, die auf ein zukünftiges Ereignis Bezug nimmt?

Ist deine Angst allgemeiner Natur – Zukunftsangst, Existenzangst, Todesangst, Angst zu versagen oder womöglich auch die Angst vor Erfolg, die uns oftmals – auch wenn es dir im Moment kurios erscheinen mag – ebenso blockieren kann, wie jene, etwas nicht zu schaffen? Ist es Angst vor Zurückweisung oder Angst vor dem Glück, das du nicht zu verdienen glaubst?

Nimm ganz genau wahr, welcher Natur deine Angst ist.

Was macht dieses Gefühl jetzt mit dir?

Spürst du es irgendwo ganz stark in deinem Körper?

Wo spürst du es am meisten?

Atme tief und ruhig in diese Körperregion und bleibe stets in der Beobachtung, was als nächstes auftaucht.

Wie fühlt sich deine Angst an – hart, stechend, bedrohlich oder hast du damit ein anderes Gefühl? Bleibe Beobachter und warte, was geschieht.

Pause ca. 20 sec.

Wird das Gefühl schwächer oder stärker oder hat es sich vielleicht schon verwandelt?

Sei ganz ruhig und beobachte, lass dich nicht in deine Emotion hineinfallen – sei nur stiller Beobachter.

Atme tief ein und aus und lass alles geschehen, was gerade geschehen möchte – wenn Tränen kommen, lass sie fließen, wenn Schmerzen auftauchen, nimm sie intensiv wahr, wenn Worte in deinem Inneren erscheinen, lausche ihnen. Versuche nicht einzugreifen.

Möglicherweise wird sich die ursprünglich Angst schon in ein ganz anderes Gefühl oder eine neue Emotion verwandelt haben – so beobachte nun auch das neue Gefühl oder diese Emotion – sei bereit, dich auf alles einzulassen, was hinter deiner vordergründigen Angst auftaucht – ein Gefühl von Ohnmacht, von Hilflosigkeit, vielleicht auch Zorn oder Wut, Einsamkeit, Trauer oder Unsicherheit ... es kann so vieles sein und ich gebe dir jetzt die Zeit, einfach Beobachter oder Beobachterin all dieser Gefühle und Emotionen, aber auch deiner damit verbundenen körperlichen Empfindungen zu sein.

Wenn du bemerkst, dass eine Emotion zu heftig oder gar bedrohlich wird, bleibe nur in der Beobachtung und atme tief ein und aus. Beobachte, wohin sie dich führt, ohne eingreifen zu wollen, ohne Widerstand dagegen und in der Bereitschaft, Verwandlung und Veränderung zu erleben.

Pause ca. 2 min.

Ist es dir gelungen, ruhiger und gelassener zu werden?

Ich gebe dir jetzt die Möglichkeit, mit mir ein ganz altes magisches, hawaiianisches Vergebungsritual, das in vergangenen Zeiten nur von den Kahunas (den Hütern des Geheimnisses) angewandt werden durfte, zu sprechen und empfehle dir, dieses in den nächsten Tagen so oft wie möglich zu wiederholen. Wiederhole es so lange, bis du dich ruhiger und ausgeglichener fühlst.

Dieses Gebet ist das *Ho'oponopono* und bewirkt eine Verwandlung, wenn du dich wirklich bereit fühlst, Verwandlung und Vergebung, aber auch Selbstliebe und inneren Frieden zu erfahren. Es hilft dir, zu vergeben und in jede Situation Versöhnung und Frieden zu bringen.

Vergebung und Versöhnung können nicht mit dem Verstand gemacht werden, sie können bloß geschehen.

Sei daher ausschließlich bereit, dich einzulassen, ohne Erwartung oder Vorstellung, dass dir irgendetwas gelingen muss. Alles kommt zur rechten Zeit, auch die Bereitschaft, sich mit einer Situation oder einem Menschen zu versöhnen.

VERTRAUE DARAUF!

Du kannst dieses Gebet nun aktiv mit mir sprechen oder einfach die Worte zu dir strömen und in dir wirken lassen.

Falls du das Ho´oponopono als Musik hast, lies folgendes weiter und spiele die Musik ein:

Ich werde dich zuvor darauf einstimmen, indem ich eine Musik einspiele, die dieses Gebet als Gesang wiedergibt, bevor wir es gemeinsam sprechen.

Wenn du jetzt nicht bereit bist, dich mir und diesem Gebet zu öffnen, bitte ich dich nun, langsam von 1–5 in dir zu zählen und dich ins Wachbewusstsein zurückzubegeben oder einfach nur dem Klang meiner Stimme und der Musik zu folgen.

Bist du nun bereit, so gebe ich dir einen Moment Zeit, dich ganz mit der göttlichen Quelle zu verbinden und die Bereitschaft zu haben, dass alles in deinem Leben einer höheren Führung unterliegt, der du dich nun ganz und gar hingeben kannst.

Pause ca. 30 sec. oder wie du das Spielen der Klänge als angenehm empfindest

Du kannst auch selber das Ho´oponopono tönen.

Dann Übergang ins Gebet!

Gib dich so ganz dem Göttlichen hin und vertraue.

Zuerst geht es um Versöhnung mit dir selbst und allen alten Anhaftungen, die du noch in dir trägst und vor allem um die Selbstliebe.

Bitte folge nun meinen Worten – wir wiederholen alles **drei Mal:**

Bitte jede Strophe drei mal hintereinander langsam sprechen

Es tut mir so leid

Ich verzeihe mir

Ich liebe mich

Danke

Nun sprechen wir **drei Mal** die Vergebung an andere aus – an alle, denen wir in diesem und in möglichen vergangenen Leben zu verzeihen haben.

Du kannst es für dich danach dann auch mit einzelnen Personen oder Situationen machen.

Es tut mir so leid

Ich verzeihe Dir

Ich liebe Dich

Danke

Nun kannst du auch noch **drei Mal** alle um Vergebung bitten, denen du in Gedanken, Worten oder Taten Unrecht getan hast.

Es tut mit so leid

Ich bitte Dich, vergib mir

Ich liebe Dich

Danke

Vertraue darauf, dass Heilung nun geschehen wird – für dich und damit für alle anderen um dich. Wiederhole diese Gebete, sooft du daran denkst und das Gefühl hast, weiterer Heilung zu bedürfen.

Nochmals Musikstück *Ho´oponopono*, **wenn vorhanden, einspielen oder selber tönen.**

Ca. 30 sec.

Lass die Energie in dir nachklingen und bitte darum, dass nun alles geschieht, was zu deinem höchsten Wohle geschehen soll, in vollem Vertrauen, alle Unterstützung zu bekommen, die du benötigst.

Sei dir außerdem bewusst, dass zumeist die Angst vor einer unbekannten Situation um vieles schlimmer erscheint, als es die Situation selbst je sein kann.

Pause ca. 30 sec.

Ich werde dich jetzt gleich wieder wecken.

Kehre zurück in deinen kerzenerleuchteten Raum und blicke dir dieses wunderbar wärmende Licht nochmals an, bevor du es selbst aus deinem Körper strömen lässt und die Kerzen alle auf einmal mit einem intensiven Atemzug ausbläst.

Nun werde ich von 1–5 zählen – bei 5 bist du wieder hellwach, frisch und munter. Jede Müdigkeit und auch Schwere ist dann aus deinem Körper verschwunden.

1 – du beginnst langsam zu erwachen

2 – jede Schwere und Müdigkeit schwindet – du wirst immer munterer und erfrischter

3 – dein ganzer Körper ist wieder leicht und frei.

4 – dein Kopf ist frei und klar. Jede Müdigkeit und Schwere ist jetzt aus deinem Körper verschwunden – du fühlst dich energieladen und kraftvoll.

5 – du bist jetzt wieder hellwach, frisch und munter. Du fühlst dich wohl, entspannt und ausgeruht.

Herzlich willkommen zurück in deiner Welt!

5) In meine verworrene Gedankenwelt

Ruhige Entspannungsmusik

Wir alle werden oftmals von Gedanken gequält, die uns einfach nicht loslassen, Gedanken, die wie ein Gedankenkarussell immer und immer wieder in unserem Kopf ihre Kreise ziehen. Sie machen uns unruhig und ängstlich, oftmals rauben sie uns den Schlaf und meistens sind sie unglaubliche Energieräuber. Es denkt in uns, statt uns die Möglichkeit zu geben, die Gedanken zu stoppen, zu verändern oder einfach vorbeiziehen zu lassen. Kennst du die Situation, wenn du stundenlang im Bett liegst, schlafen möchtest und es doch nicht kannst, weil deine Gedanken ununterbrochen deine Aufmerksamkeit beanspruchen? Mit dieser Reise möchte ich dir eine Gelegenheit geben, dich in solchen Situationen in das Hier und Jetzt zu holen und zu mehr Ruhe und Gelassenheit zu finden. Ich wünsche dir Stille und Freiheit in deinem Kopf und die Möglichkeit, neue Lösungsansätze für solch verworrene Momente zu finden.

Lege dich entspannt hin und decke dich eventuell mit einer warmen Decke zu, um zu verhindern, dass dein Körper abkühlt und sich damit wieder dein Verstand in den Vordergrund drängt.

Schließe deine Augen und atme tief ein und aus, ganz tief ein und aus, atme fünf bis sechs Atemzüge in deinem Tempo tief ein und aus.

Pause ca. 45 sec.

Mit jedem einzelnen Atemzug, den du ein- und ausströmen lässt, entspannt sich dein Körper mehr und mehr. Stell dir vor, wie mit jedem Ausatmen Spannung und Belastung aus deinem Körper strömen und mit jedem Einatmen Ruhe und Gelassenheit dein gesamtes Wesen erfüllen.

Während du nun tief weiter atmest, hörst du bloß den Klang meiner Stimme und der sanften Musik im Hintergrund. Alle Geräusche, die du sonst noch wahrnimmst, sind vollkommen bedeutungslos – jedes Geräusch, das du von außen vernimmst, hilft dir, dich noch ein Stück tiefer in deine Ruhe und vollkommene Entspannung sinken zu lassen.

Deine Gedanken lässt du vorbeiziehen, so wie die Wolken am Himmel an dir vorbeiziehen, wenn du auf einer schönen Wiese liegst und in den Himmel blickst.

Deine Arme werden nun ganz schwer, immer schwerer und schwerer – mit jedem Atemzug sinkst du noch tiefer in eine vollkommene Schwere und Stille.

Auch deine Beine werden immer schwerer und sinken tiefer und schwerer auf deine Unterlage.

Deine Gesichtsmuskulatur wird vollkommen entspannt, deine Augäpfel fallen nach hinten unten – ganz schwer werden sie – du lässt deine Augen geschlossen, immer schwerer erscheinen auch deine Augenlider. Dein Kiefer entspannt sich vollkommen – du kannst deine Kiefermuskulatur noch bewegen und lässt sie dann tief entspannen, sodass dein Unterkiefer sich vom Oberkiefer löst, während du regelmäßig weiter atmest.

Tief atmest du ein und aus und spürst wie sich dein Körper schwerer und schwerer auf deine Unterlage sinken lässt – und immer schwerer wird.

Nun nimmst du wahr, wie dein Bewusstsein in deine Mitte sinkt, wo auch immer sich deine Mitte befindet – spüre, wie es dorthin sinkt, so wie du ein Steinchen versinken siehst, wenn du es ins Wasser geworfen hast und die Kreise auf der Wasseroberfläche immer weiter werden, während das Steinchen immer tiefer und tiefer zum Grund des Gewässers absinkt, bis es dort unten vollkommen zur Ruhe kommt.

Pause ca. 10 sec.

Schon spürst du diese Ruhe, Gelassenheit und Entspannung dein gesamtes Sein erfassen und genießt es, die Schwere deines Körpers wahrzunehmen.

Ich werde nun ganz langsam von 5 bis 1 zählen und wenn ich bei 1 angelangt bin, befindest du dich

An einem Platz, der dir Vertrauen und Ruhe zu erleben möglich macht

5 – mit jedem Atemzug entspannst du dich noch ein Stück tiefer in diesen angenehmen Zustand der Ruhe und Gelassenheit

4 – immer mehr entfernt sich dein Geist von deinem Körper, während du tiefe Ruhe erlebst

3 – du atmest ein und aus und genießt die Stille in dir und um dich

2 – dein Körper bleibt ganz geschützt auf deiner Unterlage zurück, während dein Geist nun frei ist, überall hin zu schweben

1 – nun befindest du dich

An einem Platz, an dem du dich wohl und geborgen fühlst.

Sieh dich genau um.

Was nimmst du wahr, wo befindest du dich jetzt?

Schau dich ganz genau um und nimm alles wahr, was du siehst.

Atme auch die Gerüche deiner Umgebung ein…

Lausche den Klängen, die du an diesem Ort hörst…

Wenn du dich an diesem Ort wohlfühlst, so verweile und suche dir einen Platz, an dem du dich hinlegen kannst, um dich mit deinem Inneren ganz tief zu verbinden.

Wenn du dich nicht an einem für dich richtigen Ort befindest, lass es JETZT geschehen, dich unmittelbar an einen anderen Ort zu begeben, der für dich der richtige ist!

Pause ca. 15 sec.

Lausche in dich hinein und beobachte deine Gedanken, die jetzt kommen und gehen. Sind es angenehme Gedanken, ängstliche oder unruhige? Sind sie verworren oder sehr klar? Sei nun einfach Beobachter dessen, was in deinem Kopf vorgeht und bewerte gar nichts. Lass alles zu, was sich dir zeigen möchte.

Bist du im Moment in einer angespannten Situation?

Stehst du vor einer notwendigen Entscheidung, die du immer noch hinauszögern möchtest und die dich viel Energie kostet?

Hast du eine dir unbekannte Situation vor dir, bei der du nicht weißt, was dich erwartet?

Bist du ein Mensch, der sich über jede Kleinigkeit unendlich viele Gedanken macht?

Oder bist du im Moment gerade ganz ruhig und machst diese Reise bloß, um dich für eine mögliche zukünftige Situation zu wappnen, die deine Gedanken zu sehr in Anspruch nehmen könnte?

Was auch immer bei dir im Moment ist, beobachte jetzt, welche Gedanken sich in dir zeigen. Sei stiller Beobachter und werte nicht.

Pause ca. 40 sec.

Was beschäftigt dich im Moment am meisten?

Wenn du gerade keine Situation bei der Hand hast, erinnere dich an eine oder mehrere Ereignisse zurück, die dich wiederholt in solche Gedankenkarusselle gebracht haben.

Pause ca. 10 sec.

Nun erinnere dich an eine Situation in deinem Leben, die du schon bewältigt hast. An eine Situation, die dich vor ihrem Eintritt stundenlang, tagelang, womöglich sogar wochenlang in immer wieder kehrenden Gedanken beschäftigt hat und die sich dann vollkommen anders ereignet hat, als sie in deinen gedanklichen Szenarien immer wieder vor dir erschienen ist. Möglicherweise ist sie gar nicht eingetreten und du hast dich umsonst geängstigt. Beobachte, was es mit dir macht, rückblickend zu erkennen, wie viele unnötige Gedanken-Konstrukte du damals aufgebaut hast und wie harmlos die danach eingetretene Situation tatsächlich gewesen ist.

Zaubert es dir ein Lächeln auf dein Gesicht? Spürst du Erleichterung darüber, dass alles anders gekommen ist, als du befürchtet hast? Sei dir dessen bewusst – es wird vermutlich nichts so schlimm sein können, wie es sich in deinen fürchterlichsten Gedankenwelten abspielen kann.

Nun konzentriere dich nur auf deinen Atem und beobachte, wie er in deinen Körper einströmt und wieder ausströmt, beobachte, wie dein Brustkorb und Bauchraum sich durch deine Atmung heben und senken, beobachte jeden einzelnen deiner Atemzüge und beobachte, was dabei bei dir in deinem Inneren geschieht. Sei stiller Beobachter all dessen, was sich in dir abspielt.

Ich werde nun mit dir atmen und zu zählen beginnen. Jeder Atemzug, den du ein- und ausatmest, entspricht einer Zahl. Ich werde langsam mit dir von 1–10 zählen und dich bei deinen Atemzügen begleiten. Immer, wenn du bei 10 angelangt bist, fängst du wieder von neuem zu zählen an. Immer, wenn du dich von irgendwelchen Gedanken vom Zählen abhalten lässt, fängst du wieder von vorne bei 1 an – genauso fängst du wieder bei 1 zu zählen an, wenn du feststellst, dass du möglicherweise schon über 10 hinausgezählt hast. All das zeigt dir auf, dass du dich von der Konzentration auf deinen Atem hast ablenken lassen.

Konzentriere dich auch nach dem Einatmen auf die Atemfülle und nach dem Ausatmen auf die Atemleere in dir.

Ab der dritten Runde lasse ich dich mit deinem Atem- und Zählrhythmus für ca. 6 Minuten alleine weiterzählen und atmen. Ich werde dich dann mit einem Gong ins Hier und Jetzt holen, woraufhin du noch weitere 2 Minuten atmest, ohne zu zählen, einfach in Ruhe atmest.

Lass uns nun beginnen:

Bitte laute und tiefe Atemzüge machen und beim Ausatmen die Zahl aussprechen – kurzes Warten zwischen den Atemphasen!

Bei Fülle und Leere kurz in Stille verharren

Für die 10 Einheiten knappe 1,45 – 2 Minuten.

Ein- und Ausatmen – EINS sprechen!

Ein- und Ausatmen 2

Ein- und Ausatmen 3

Ein- und Ausatmen 4

Ein- und Ausatmen 5

Ein- und Ausatmen 6

Ein- und Ausatmen 7

Ein- und Ausatmen 8

Ein- und Ausatmen 9

Ein- und Ausatmen 10

Bitte nochmals wiederholen!

Nach dem zweiten Durchgang:

Nun bitte ich dich, in deinem Rhythmus genauso weiterzuatmen und dabei zu zählen, während ich dir einige Minuten Zeit lasse, deinen Atem zu genießen ...

Lange Pause ca. 6 Minuten mit ganz ruhiger Musik

Gong oder Klangschale, wenn vorhanden zum Beenden

Atme nun ruhig und gelassen, ganz ohne zu zählen, in deinem Atemrhythmus weiter.

Pause 2 min. mit ruhiger Musik

Gong oder Klangschale zum Beenden

Fühle in deinen Körper, wie er wie selbstverständlich von deinem Atem bewegt wird und beobachte wieder in vollkommener innerer Stille deine Gedanken. Beobachte sie und bewerte sie nicht und nimm dir diese Erfahrung mit in deine Alltagsrealität. Wann immer du in einer Situation bist, die dich gedanklich einfach nicht loslassen will, beginne dich unverzüglich auf deinen Atem zu konzentrieren. Wenn es dir auch möglich ist, dich zurückzuziehen und für ein paar Minuten in diese konzentrierte Atemübung einzusteigen, nimm diese Gelegenheit wahr. Du wirst es damit sehr schnell schaffen, zur Ruhe zu kommen und auch in einen ruhigen und erholsamen Schlaf zu gleiten, wenn dich deine vielen Gedanken davon abhalten. Nimm all das Wissen in deinen Tagesablauf mit und werde dadurch um vieles ausgeglichener und gelassener.

Ich werde dich nun zurückbegleiten, indem ich von 1–5 zähle und du bei 5 wieder vollkommen erfrischt und gestärkt in deiner Alltagsrealität angekommen bist.

Musik weg oder Wechsel in etwas kraftvollere Klänge

Stimme wird lauter und direkter:

1 – deine Arme und Beine werden wieder frei und locker, jede Schwere fällt von dir ab

2 – ein Lächeln erscheint auf deinem Gesicht und deine Gesichtsmuskulatur nimmt ihren normalen Muskeltonus an

3 – du nimmst ein paar kraftvolle Atemzüge und spürst deinen Körper ganz bewusst auf deiner Unterlage

4 – strecke und rekle dich, dehne dich und gähne

5 – du kehrst nun gestärkt und kraftvoll hierher zurück – öffne deine Augen, blicke um dich und nimm noch ein paar tiefe Atemzüge, bevor du ganz im Hier und Jetzt auftauchst.

Herzlich willkommen zurück in deiner Welt!

6) Clearing der Meridiane und Chakren

Ruhige Entspannungsmusik

Die 12 Meridiane sind Energiekreisläufe, die durch unseren Körper verlaufen und auch für Akupunktur und Akupressur verwendet werden. Sie stehen mit den fünf Elementen – Holz, Feuer, Erde, Metall und Wasser – in Verbindung.

Chakra heißt der Kreis, der Wirbel, der Strudel oder das Rad.

Chakras sind Energiefelder in unserem Körper, allerdings mehr in unserem psychischen Körper. Auf der physischen Ebene sind sie unseren Nerven- und Drüsenzentren zuzuordnen. Sie gelten als Kraftplätze unserer Lebensenergie.

Eine Reise dorthin entspannt und löst alte Verstrickungen und ermöglicht einen freien Energiefluss.

Es gibt fünf Meridianpaare im gesamten Körper und sieben Chakren, die entlang der Wirbelsäule liegen.

Bei dieser Reise hast du die Möglichkeit, sowohl die einen als auch die anderen Bereiche zu balancieren und zu harmonisieren.

Du kannst diese Reise vorbreiten, indem du dir Räucherwerk und Kerzen anzündest oder dir vorstellst dich in einen Licht- oder Steinkreis zu legen.

Entspanne dich und sei ganz bei dir.

Fühle dich geborgen und eins mit dem Kosmos.

Stelle dir deinen Körper ganz genau vor und entspanne von den Füßen bis zum Kopf.

Du beginnst dich voll und ganz auf deinen Atem zu konzentrieren.

Deine Augen werden nun ganz schwer. Deine Augen sind ganz schwer, so schwer, dass sie gleich zufallen. Nun schließe deine Augen und atme tief ein und aus. Deine Augen sind jetzt fest geschlossen und bleiben es während der gesamten Zeit deiner Reise. Deine Augen können sich vollkommen entspannen.

Atme weiter tief ein und aus, ganz tief ein und aus, atme fünf bis sechs Atemzüge in deinem Tempo tief ein und aus.

Pause ca. 45 sec.

Mit jedem weiteren Atemzug entspannt sich dein Körper mehr und mehr. Stell dir vor, wie mit jedem Ausatmen Spannung und Belastung aus deinem Körper strömen und mit jedem Einatmen Ruhe und Gelassenheit dein gesamtes Wesen erfüllen.

Nun stell dir vor, wie deine Aufmerksamkeit sich dem Lungen- und Dickdarm-Meridian zuwendet und du durch diesen mit kräftigen Atemzügen weißes Licht strömen lässt, das auch die beiden Organe durchflutet und auflädt. Lunge und Dickdarm stehen in Verbindung zum Element Metall.

Atme tief ein und aus und lass weißes, reines Licht dorthin strömen.

Pause 15 sec.

Nun verbinde dich mit dem Milz- und Magen-Meridian, der mit dem Element Erde zusammenhängt und lasse safrangelbes Licht durch diese Energiebahn und seine dazugehörenden Organe fließen.

Pause 15 sec.

Wende dich jetzt dem Herz- und Dünndarm-Meridian zu und durchflute diesen und seine Organe mit kraftvollem rotem Licht. Dieses Paar entspricht dem Element Feuer, das noch ein zweites Mal auftauchen wird. Atme tief ein und aus und lasse das Rot zur Klärung durchfließen.

Pause 15 sec.

Weiter geht es zum Nieren- und Blasen-Meridian, der dem Element Wasser zugeordnet ist. Durchflute ihn und diese beiden Verarbeitungs- und Ausscheidungsorgane mit kraftvollem tiefem dunklem Blau.

Pause 15 sec.

Lass deine Aufmerksamkeit nun auf den Herz-Kreislauf-Meridian und den Dreifach-Erwärmer – in deinem Rumpf – gelenkt sein und sende auch hier wieder die Energie des Feuers, ein kräftiges Rot, in diesen Bereich.

Pause 15 sec.

Zum Abschluss konzentriere dich auf den Leber- und Gallenblasen-Meridian und seine Organe, die dem Element Holz zuzuordnen sind, und die du nun mit einem strahlenden Grün durchströmen lässt.

Pause 15 sec.

Nach dieser kurzen, aber kraftvollen Klärung deiner Meridiane wende deine Aufmerksamkeit jetzt voll und ganz auf deine Chakren und sei bereit, diese zu harmonisieren und die Energie frei durch sie strömen zu lassen.

Gehe mit deiner Aufmerksamkeit zum ersten Chakra, dem Wurzel Chakra, an der Basis deiner Wirbelsäule.

Es ist das Grundfundament, das uns mit der Erde verbindet. Seine Farbe ist ROT. In diesem Chakra wächst dein Verständnis für richtige Verhaltensweisen und hier kannst du deine Ängste und Unsicherheiten loslassen. Es ist die Basis der Manifestation und dein ICH entfaltet hier seine Identität. Hier sind dein Wachstum und dein Wissen um deine Göttlichkeit verwurzelt. Verweile und spüre, welche Schwingungen dort bei dir vorherrschen.

Stell dir nun vor, wie du dieses Zentrum mit deinem Atem von fremden und unpassenden Schwingungen reinigst und lasse es anschließend in kraftvoller roter Farbe neu erstrahlen.

Pause 15 sec.

Wende dich nun deinem zweiten Chakra – dem Sexual Chakra oder Sakral Chakra – zu und nimm es gut wahr. Atme alte Verletzungen aus ihm hinaus. Es gilt als der Sitz deines SELBST und liegt bei den Geschlechtsdrüsen. Seine Hauptfarbe ist das ORANGE. Ihm wird das Element Wasser zugeordnet und auch die Beziehungen zu anderen Menschen. Es ist das Zentrum der schöpferischen Kräfte, in dem sich Zeugung und

Empfängnis und damit das Erhalten der Welt ausdrücken. Es hilft dir deine Sinnlichkeit, deine Sexualität, aber auch deine Sinnfindung zu erfahren. Achte ganz genau auf seine Schwingungen, befreie dich von altem Ballast und lass es mit einem kraftvollen Orange durchströmt sein.

Pause 15 sec.

Nun gehe mit deiner Aufmerksamkeit zu deinem dritten Chakra, dem Solarplexus o

der auch Sonnengeflecht genannt. Es ist der Sitz deiner tiefliegenden Emotionen. Gehe mit deiner Atmung hin und lasse mit dem Atem Wut, Ärger, Zorn, Eifersucht nach außen strömen, um daraus in deine Ermächtigung zu kommen, indem du angemessen mit deiner Macht umgehst. Es verbindet dich mit deiner wahren Natur, hilft dir Beziehungen zu anderen zu läutern und aus deiner Mitte heraus zu handeln. Nütze die reinigende und klärende Kraft des Feuers und lass dein Sonnengeflecht in einem kräftigen GELB erstrahlen.

Pause 15 sec.

Nach Überwindung der drei unteren Ebenen kannst du dich nun geläutert und in Liebe und Mitgefühl deinem Herz-Chakra – im Zentrum deines Brustkorbes – zuwenden. Es ist GRÜN und hat ein zartrosa Zentrum, in dem Heilung stattfinden kann. Hier spürst du die farb- und formlose Luft und kannst nun nach Überwindung deiner Wünsche und Begierden Weisheit und innere Kraft entfalten. Wenn du wahre Unabhängigkeit erlangt hast, wirst du eine starke Anziehung auf andere ausüben, indem du die eigene Quelle der Inspiration gefunden hast. Nun kannst du Ruhe und Frieden verströmen und damit andere begeistern. Lass dein Herz sprechen, höre auf dieses und durchflute es mit sanftem Grün und zartem Rosa.

Pause 15 sec.

Nun wende dich deinem fünften Chakra zu, dem Kehlkopf Chakra. Du findest es am Hals nahe der Schilddrüse. Seine Farbe ist ein schönes sanftes BLAU und es wirkt auf die Ohren, das Hören, die Stimme, den Klang, deinen Mund und hilft dir, deine Intuition und dein Verständnis zu entfalten. Du kannst mitempfinden und mitfühlen und immer mehr dem Pfad des Wissens und der Weisheit und damit der Selbsterkenntnis folgen, wenn du deine Sinne und Emotionen gemeistert hast. Durchflute es mit einem schönen Blau und atme all das aus dir, was dich daran hindert, dein wahres kreatives Potenzial zu entfalten.

Pause 15 sec.

Es folgt nun die Hinwendung zu deinem ‚dritten Auge', das auch Ajna Chakra genannt wird und zwischen den Augenbrauen sitzt. Es gilt als der Meisterpunkt des Bewusstseins und der Wahrheit und dient der Entwicklung deiner Hellsichtigkeit und wahrer Empathie. Seine Farbe ist ein kraftvolles INDIGO, in dem du es nun erstrahlen lässt und damit auch deine Hypophyse als Hauptsteuerungsorgan des Hormonhaushalts ansprechen kannst. Wenn du dich öffnest und es wirklich willst, kannst du dein wahres Selbst kristallklar erkennen und einen tieferen Einblick in das ‚Große Ganze' erhalten und damit auch in deinen wahren Lebensauftrag. Sei wachsam mit dieser Gabe und kläre dein ‚drittes Auge' mit dem Blau der Farbe Indigo.

Pause 15 sec.

Zuletzt richte deine Aufmerksamkeit auf den Scheitel deines Kopfes, zum Kronen-Chakra, und erkenne dich selbst als göttliches Wesen. Es enthält die Vereinigung des Göttlichen mit dem Menschlichen, die Einbindung deines Seins im Kosmos. Du kannst dir an der Zirbeldrüse wunderschönes WEISSES und GOLDENES Licht vorstellen und dich so ganz mit der göttlichen Ebene verbinden. Betrachte deine wahre menschliche Natur und erkenne dein Sein und deinen Auftrag auf dieser Erde. Sieh all deine Aufgaben und deine Vergangenheit als Wachstumschancen und lass alle Erwartungen los.

Erkenne dich als: Ich bin, was ich bin!

Pause 15 sec.

Spüre zum Abschluss dieser Reise durch deine Energiebahnen und -zentren noch einmal den verschiedenen Schwingungen in dir nach und lass deinen Atem reinigend überall hinströmen.

Stell dir vor, wie du beim Ausatmen alles abgibst, was du nicht mehr brauchst und jetzt bereit bist, loszulassen und wie du beim Einatmen frei für das Neue wirst. Sieh dich als ganze Person und nimm dich so wahr, wie DU bist. Nimm dich an und erfreue dich an dir selbst, deinem Sein, deiner Natur. Lass Freude und Liebe ausstrahlen in deine Welt.

Atme nun ein paar Mal tief ein und aus.

Pause 15 sec.

Strecke und rekle dich, gähne und genieße noch den Moment der Ruhe.

Dann kehre zurück in Raum und Zeit.

Erwache zu deinem ureigenen Leben, zu deiner göttlichen Menschlichkeit.

Ausklang

Um dieses Buch zu einem harmonischen Ausklang zu bringen, möchte ich Sie zum Abschluss noch auf *eine Reise durch meine Welten* führen, die ich auf den folgenden Seiten über einen lyrischen Prosatext wiedergebe.

Ich habe diesen Text verfasst, als ich in einer wunderschönen Umgebung auf Urlaub war – auf La Gomera, einer subtropischen Insel. Die Stille, die ich dort erleben durfte, das sanfte Meeresrauschen aus der Ferne, die unterschiedlichen Geräusche der Natur und ein mir innewohnender tiefer Friede, der mich im Einklang mit allem um mich sein ließ, haben mich zu diesen Zeilen inspiriert. Immerhin habe ich dort zwei Jahre zuvor einen schweren Unfall überleben dürfen, der mir sehr geholfen hat, mich noch intensiver auf meinen Weg zu mehr Bewusstheit und vor allem Dankbarkeit für mein Leben zu begeben.

Damit möchte ich mich von Ihnen verabschieden und Ihnen das Allerbeste für Ihre eigene *LEBENsREISE* wünschen.

Sat – Chit – Ananda
Sein – Bewusstsein – Glückseligkeit

Ich lebe jetzt auf einer Insel,

die rund und kraftvoll aus dem Großen Ozean sich erhebt.

Es ist der Platz,

wo Märchen, Mythen, Wunder lebbar sind,

wo wir in alle Welten tauchen können,

wo Träume – scheinbar Illusion –

doch auch die für uns wahr gehaltene Welt

erleben lassen.

Hier bin ich tief verbunden mit dem Einen Sein.

Ganz eingetaucht in alle Welten

will ich nun mit Dir teilen,

was wahrhaft möglich ist.

Ich bin hier allumfassendes Bewusstsein.

Ein Teil ist Körper,

den ich mit allen meinen Sinnen

in wunderbarer Weise spüren kann.

Ein Teil ist Geist,

der überall zugleich

und doch nicht ist

und den kein menschlich Wissen jemals fassen kann.

Zugleich bin ich die Seele,

um die es viele Mythen gibt.

Ist sie ein Teil von mir,

ist sie in ewiger Verbindung mit allem,

was hier ist, mit allem Sein?

Ist sie ein Teil der Menschen, Pflanzen, Tiere,

der Felsen und des Ozeans

und all der hier mich tief berührenden Erscheinungsformen?

Mein Körper ist nun hier in diesem Paradies,

in diesem Garten

der Ruhe, Stille, tiefen Friedens.

Ich lausche all dem, was um mich ist.

Da sind die wunderbaren Vögel mit ihrem einzigartigen Gesang,

die prachtvollen Libellen und Schmetterlinge.

Und auch die Elfen, Feen und Engelswesen sind um mich und ich bin Teil von ihnen.

Nun, wenn ich immer tiefer mich verbinde,

so wird mein Körper leicht und schwerelos

und ich erlebe mich als freies Wesen.

Ich schwebe durch den Garten

als reines, pures Sein.

Wenn ich nach unten blicke,

sehe ich meinen Körper ruhen.

So bin ich nun ein Teil der Lüfte,

und doch BIN ICH alles zugleich.

Ganz leicht ist dieses Sein hier in der Luft,

ein immer während Wandel meiner Form.

Der zarte Flügelschlag des Schmetterlings

lässt mich die Leichtigkeit des Tanzes in den Lüften spüren.

Die edle Form der kraftvoll roten und doch so zart zerbrechlichen Libelle

lässt mich den einzigartigen Moment des sanften Fluges nun erleben.

Schon bin ich einer dieser vielen Vögel

und werde eins mit ihrem Sein und dem Gesang.

Sie wissen, wer ich bin und lassen mich ganz ein in ihre Welt.

Alsbald verlasse ich im Flug den Garten.

Ich gleite über alle Berge

und sehe unter mir die kleine Welt der Menschen,

das kraftvolle Vulkangestein,

den Ozean in seiner Weite.

Und plötzlich BIN ICH Adler,

der kraftvoll sich auf seine Beute stürzt –

in vollem Eins-Sein mit dem Ganzen,

ist alles, wie es IST, in absoluter Harmonie.

Ich werde nun zur Möwe –

weit lasse ich die Schwingen meiner Flügel werden

und ziehe meine Runden hier im Flug.

Der Ozean ist unter mir.

Ich bin ein Teil der Lüfte sowie des Ozeans,

indem ich auf der Wasseroberfläche lande, sie sanft berühre,

um dann in voller Kraft mich wieder zu erheben,

mich mit dem Winde gleiten lasse

und leicht und körperlos mich fühle hier im Flug.

Ich sehe unter mir die vielen Menschen

und all die Felsen, die dieses Land bedecken.

Ganz kurz berühren meine Füße nun den Stein,

um wieder Schwung zu nehmen und ein Teil der Luft zu sein.

Erneut schweift dann mein Blick nach unten.

Da sehe ich ein kleines Mädchen!

Doch ist sie eine alte weise Seele.

Sie hat mich schon gesehen und ebenfalls erkannt.

Sie ist in ihrer Unschuld so sehr ein Teil von allem,

dass ich vertrauensvoll in ihre Nähe kommen kann.

Und immer tiefer wird mein Flug.

Die Kleine weiß, dass ich sie nun besuche,

auf ihrem Platz am Strand mich niederlasse.

Sie sieht mich an mit neugierigen großen und doch so weisen Augen

und ich betrachte dieses zarte, gar wunderbare reine Wesen.

Wir wissen um des anderen Seins und sprechen doch dieselbe Sprache,

die hier uns ALLE jederzeit verbinden könnte.

Es ist die Sprache unseres Herzens,

des Großen Geistes, der niemals je noch irgendetwas hat getrennt.

Für dieses kleine Mädchen bin ich Möwe,

dennoch erkennt sie auch mein Ganzes Sein.

Sie sieht mich und erfreut sich,

den ständig wechselhaften Zustand meines Seins

zu fühlen, zu erleben.

Ich bin nun Elfe, die ganz zart ihr Haar berührt

und eine Fee, die sie mit ihrem bunten Feenstaub schmückt,

ich bin ein Engel, der sie schützt und immerdar behütet

und plötzlich bin ich Schmetterling

und auch Libelle.

Ihr heiteres Lachen lässt mich andauernd Neues sein

und dennoch sind wir EINS im Tanz der Energien.

Zuletzt bin ich doch wieder eine große Möwe

und nehme dieses kleine Wesen mit auf meinen Flug.

Sie liegt vertrauensvoll auf meinem Rücken –

vollkommen sicher kann sie sein.

Die kleinen Arme breitet sie auf meinen Schwingen aus,

so sind wir zwei

doch ganz vereint im Flug.

Und weil ich alles bin und sein kann,

kommt sie mit mir ins Unterwasserreich.

Ich tauche mit ihr ein in das gar tiefe Wasser

und wir bekommen Kiemen,

sodass wir auch im Ozean gut atmen können

und frei sind, uns so lange,

wie wir uns daran erfreuen, dort in den Tiefen zu bewegen.

Ich zeige ihr das Sein,

das ein Delfin erlebt.

Sie klatscht in ihre kleinen Hände

und ich erlaube mir die höchsten Sprünge –

mal bin ich unter Wasser,

dann wieder oben in der Luft.

Wie wundervoll verspielt und frei ich mich hier fühle,

voll Leichtigkeit und doch so tiefer Weisheit

bin ich in diesem Sein.

Mein Wesen wandelt sich in einen großen Wal.

Ich bin die Mutter eines kleinen Jungen,

mit dem das zarte Mädchen spielt und ihren Spaß hat.

Die beiden sind ganz eins, wenn auch aus anderen Welten –

und ich behüte beide mit meiner Mutter-Kraft.

Ich schütze sie vor allen anderen Tieren in diesem Unterwasserreich.

Auch wenn ich selber kurz in einen Hai mich dann verwandle

sowie in einen Regenbogenfisch und viele andere ihrer Gattung.

Auch ist es mir erlaubt, die Ruhe und Gelassenheit

der großen, mächtigen Schildkröte hier unten zu erfahren.

Ein Wandel, der so schnell und doch so einzigartig ist

und mich die Vielfalt in der Einheit

in tiefster Weise spüren und erkennen lässt.

Ich werde zu den Pflanzen in dieser Unterwasserwelt,

zu Perlen und Korallen.

Das alles ist mir so vertraut,

als ob ich all das immer schon gewesen bin.

Ich nehme nun das kleine, zarte Menschenwesen

und tauche mit ihm tiefer ein in meine Unterwasserwelt.

Ich führe sie in mein gar tief verborgenes und wunderschönes Reich.

Es ist meine Kristallwelt –
dieser Palast, den ich schon immer hier in diesen Tiefen
mein einzigartiges Zuhause nennen kann.
Mit ihr gemeinsam findet nun der Wandel statt.
Wir beide haben einen menschlich Oberkörper
und sind doch frei uns durch das Wasser zu bewegen
mit unserem glitzernd, regenbogengleichen Fischschweif,
der uns durch alle Räume gleiten lässt.

Ich nehme sie jetzt mit
in meinen ganz besonderen Tempel-Raum.
Dort steht ein mächtiger Kristall-Altar,
auf den ich sie nun lege,
um sie für alle Welten frei zu machen,
um ihr Bewusstsein zu erheben,
um ihr das tiefe, alte Wissen zu vermitteln,
das sie mit in ihr Erdenleben nehmen kann.
Hier sind auch meine größten Schätze.

Es sind Kristalle aller Farben und Größen,

gespeichert haben sie das alte Wissen

um Heilung hier in diesem Universum,

auch um die Heilung unseres Planeten

und all der Menschen, die nun hier zu Hause sind.

Die Räume sind geschmückt

mit wundervoll gesponnenen, gewebten Netzen

aus purem Gold und reinem Silber

und diese sind verziert mit Perlen aller Arten

sowie den Farben der Korallen.

Obwohl sich dieser Raum in allertiefster Tiefe hier befindet,

ist er durchflutet von dem hellsten Licht,

ein Licht, das sich aus diesen Tiefen hier erheben will

zu all den Menschen,

die auf der Erden-Oberfläche sich bewegen.

Das kleine Mädchen liegt hier vor mir,

und meine sanften, doch auch starken Frauenhände

berühren dieses reine Wesen
und lassen sie erkennen,
in welcher Kraft und wunderschönen Weiblichkeit
sie nun erblühen wird.
In ihrem Geist erscheint nun kurz
das wahre Wissen und die Weisheit,
die sie für ihren Lebensweg noch nutzen kann.
Sanft küsse ich zum Abschluss ihre Augen
und wir verlassen –
gesegnet von dem Großen Ganzen –
den heilen Ort der Schöpferkraft.
So darf ich sie aufs Erdenreich begleiten,
wo sie ihr menschlich Dasein lebt.

Auch hier will ich ihr noch die Vielfalt allen Seins eröffnen.
Ich wandle mich in eine kraftvoll weiße Stute,
die sie in Anmut und doch mächtiger Geschwindigkeit
durch viele Täler, Berge, unendlich weite Wiesen,
Seen und Wüsten, durch Steppen

und die tiefsten Wälder trägt.
Wir sind gemeinsam Teil all dieser Schönheit der Natur,
die sich um uns in ihrer vollsten Pracht entfaltet.
Und immer wilder galoppiere ich mit ihr.
Sie jauchzt und lacht in ihrer Lebenslust und Freude,
die dieses Leben für sie doch
so einzigartig und glückselig macht.

Zuletzt lass ich das kleine Mädchen auf einer Wiese nieder.
Dort tanzt und lacht und weint sie vor Berührtheit
und tiefstem, wunderschönen Glücksgefühl.
Sie weiß, dass dieses Leben ihr
so vieles Schönes noch zu bieten hat.

Ich werde nun zu all der Vielfalt unserer Pflanzenwelt.
Erst bin ich Palme, Rose, Lilie, Lotusblüte,
sodann auch Tanne, Eiche, Birke
sowie ein Mangobaum,
der sie von seinen besten Früchten kosten lässt.

In Folge wandle ich mich auch

zu einem Feigenbaum,

der seine Äste mit den reifen Früchten zu ihr hinabneigt,

damit sie alle ernten kann.

Auch bin ich all die anderen köstlich wunderbaren Früchte,

die ihr als Nahrung dienen –

die Nahrung, die der Körper braucht,

damit sie sich entfalten und erblühen kann.

In unsere Tierwelt tauche ich noch ein

und lasse sie erkennen,

dass alles nur Bewusstsein ist

und sie somit auch angstfrei

all diesem Sein begegnen kann,

wenn sie in ihrer Mitte ruht.

Und JETZT,

da ich nun selbst beinahe alles war und immer bin

und ich doch nichts, was ich hier hab erlebt,

so tief mit meinem Worten wiedergeben kann,

wie es für mich sich spürbar macht,

ist viel und keine Zeit vergangen.

Ich bin in diesem Augenblick

die Mutter meines kleinen Mädchens

und bin zugleich sie selbst.

Ich führe sie an meiner Hand zurück an ihren Strandplatz.

Dort sitze ich mir ihr,

betrachte sie mit Liebe,

mit tiefer und unendlich reiner Liebe

und segne sie für dieses Leben hier

auf unserem Planeten Mutter Erde.

Danach lass ich sie frei für ihren eigenen Weg,

den sie nun gehen muss und darf.

Ich weiß, dass ihre Schönheit und ihr Wesen

in voller Pracht sich mehr und mehr entfalten dürfen

und sie dem Rufe ihres Herzens folgen wird.

Doch soll mein Mädchen wissen,

dass meine wahre Liebe

ihr immerdar die Nahrung gibt,

die ihre Seele und ihr Herz nun brauchen,

um frei und doch voll Urvertrauens

in dieser Welt all das zu leben,

was sie erleben will und darf.

Ich hülle auch den Mantel meines Schutzes,

den Mantel der Geborgenheit und Sicherheit

um dieses zarte Wesen

und weiß,

dass ihr in diesem Leben

nichts mehr passieren kann,

weil sie voll Kraft und Stärke

und doch in ihrer weiblich schönen Anmut

den Weg beschreitet, der für sie bestimmt,

der ganz der Ihre ist.

Sie ist behütet und geschützt

von unserer höheren Macht.

Sie weiß um die Notwendigkeit der Achtsamkeit.

Und ich als Mutter nähre sie

mit meiner Liebe sowie Achtsamkeit

und dem Vertrauen,

dass sie ein wunderbares Leben leben wird

in FÜLLE und GLÜCKSELIGKEIT.

Eigene Anmerkungen